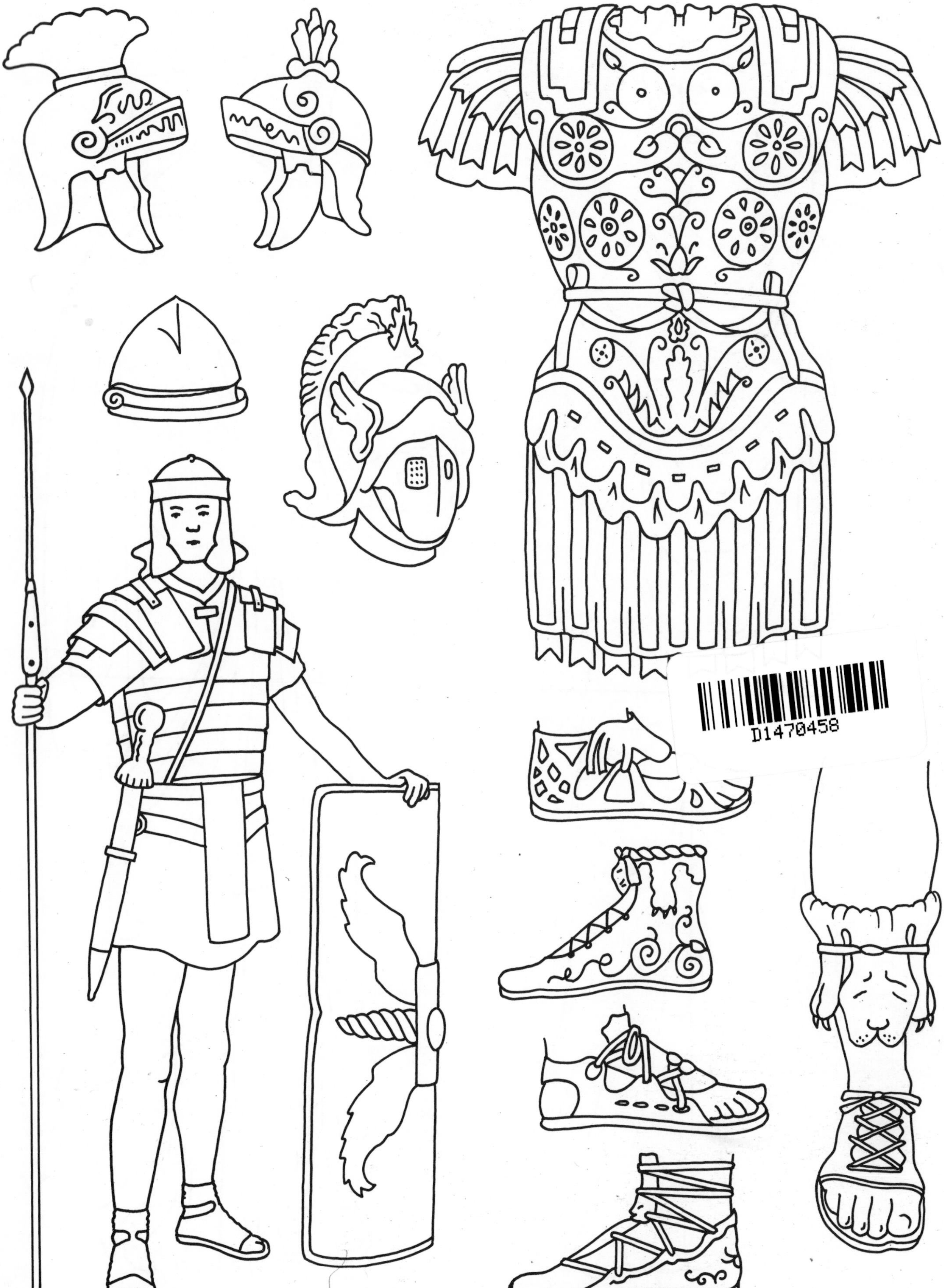

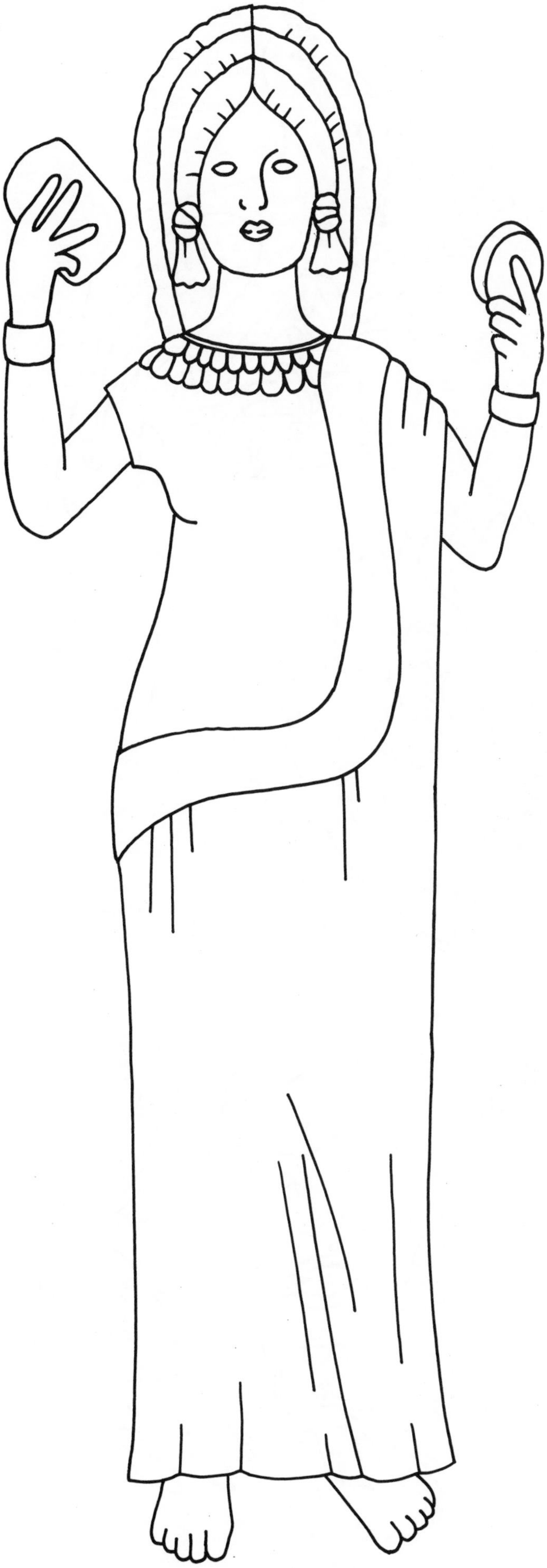

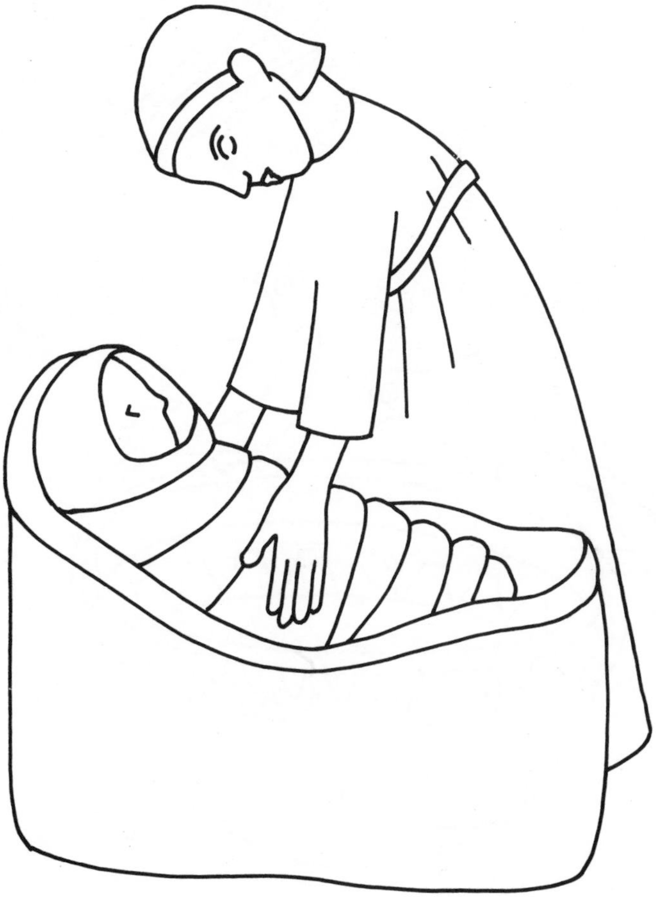

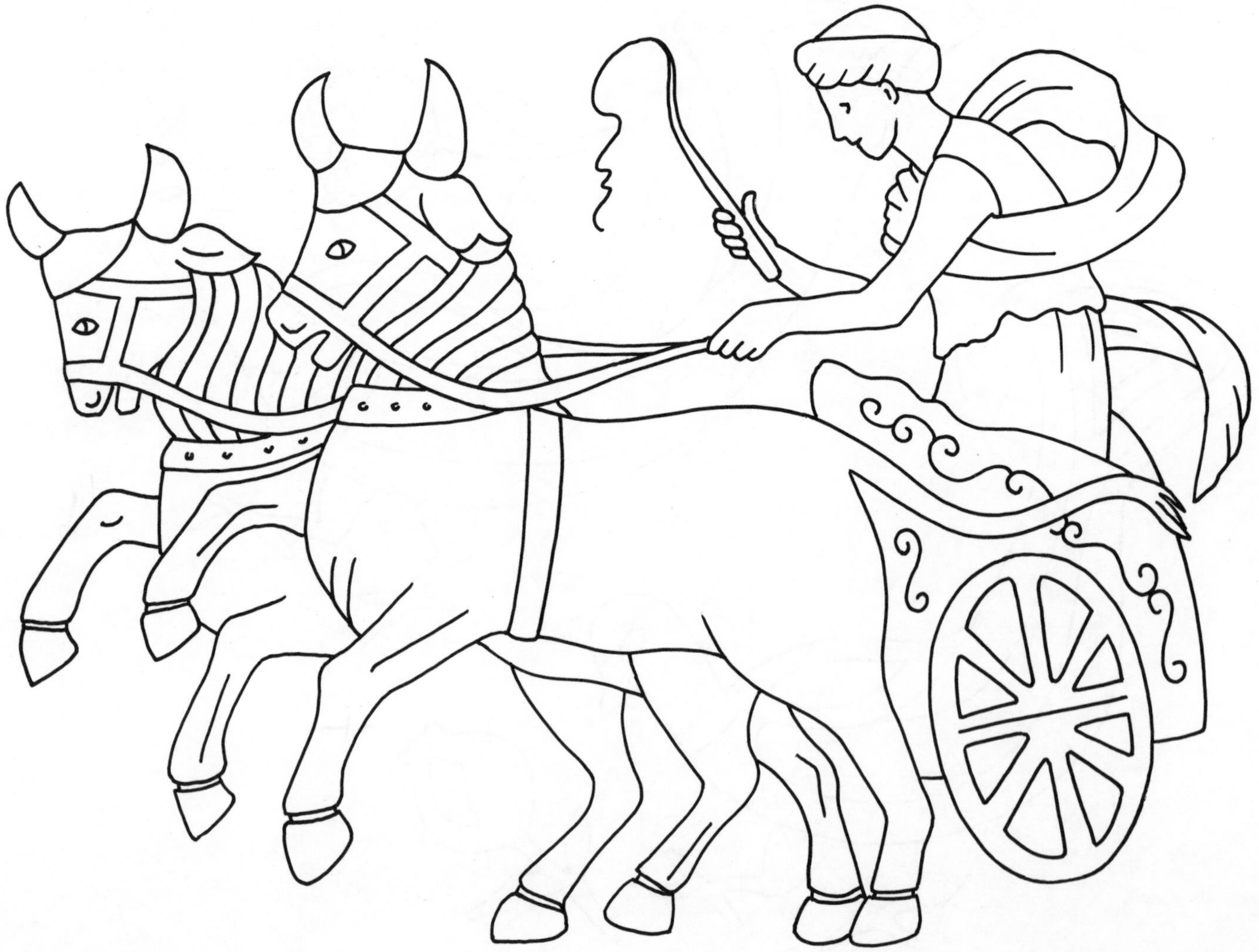

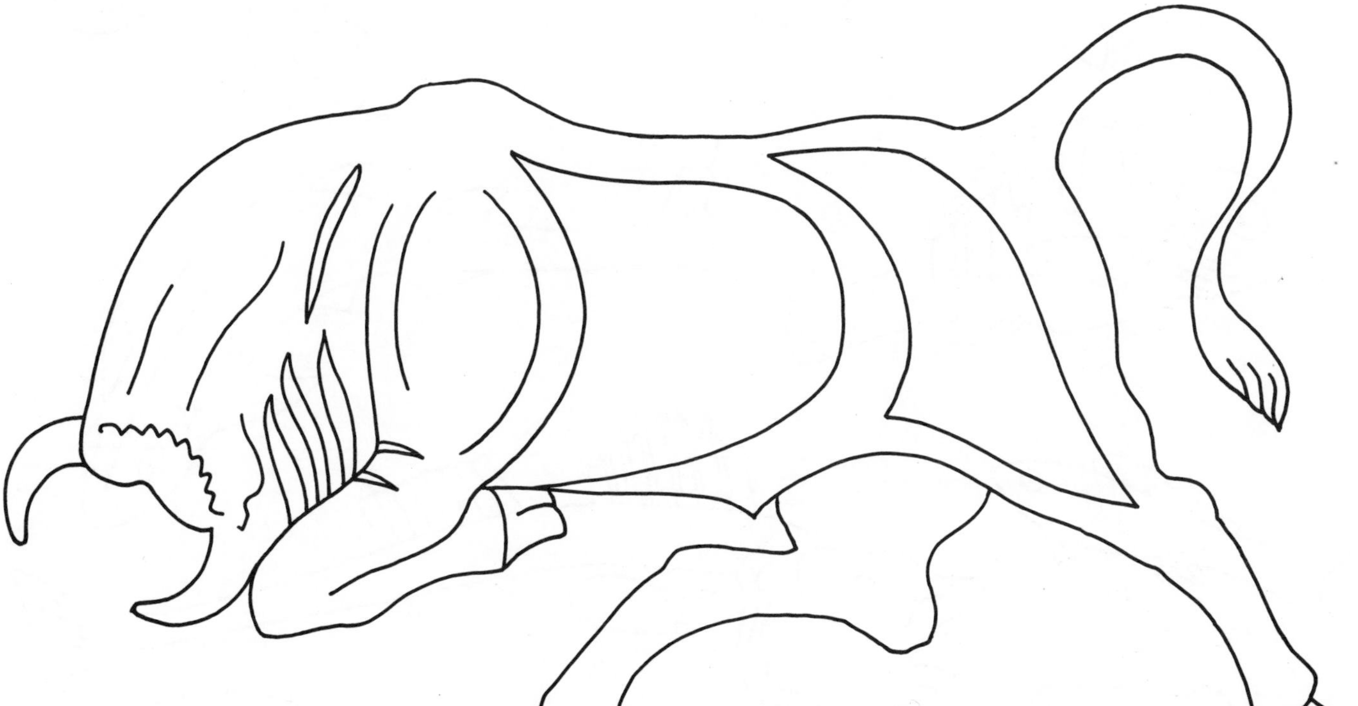

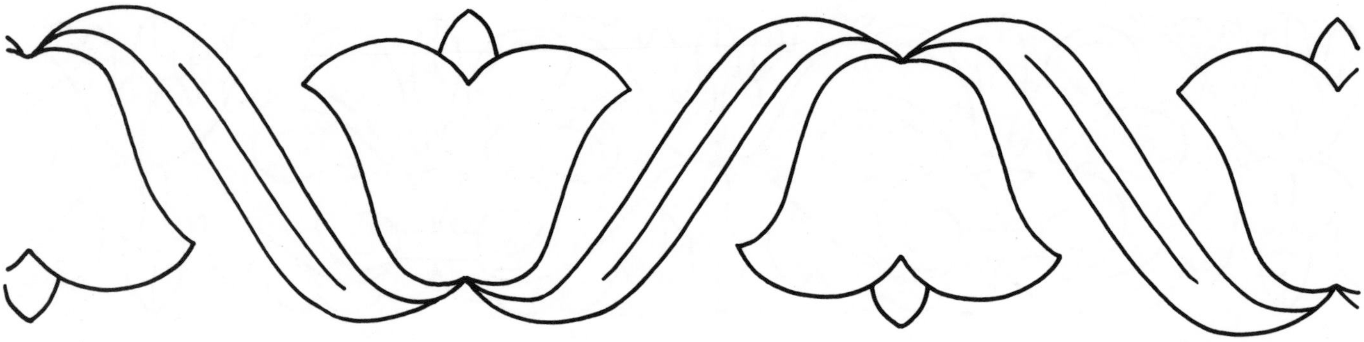

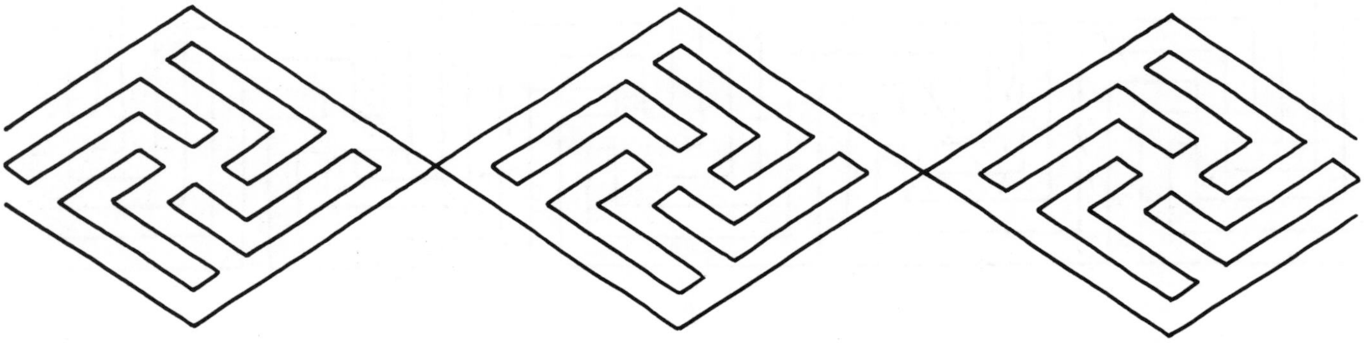

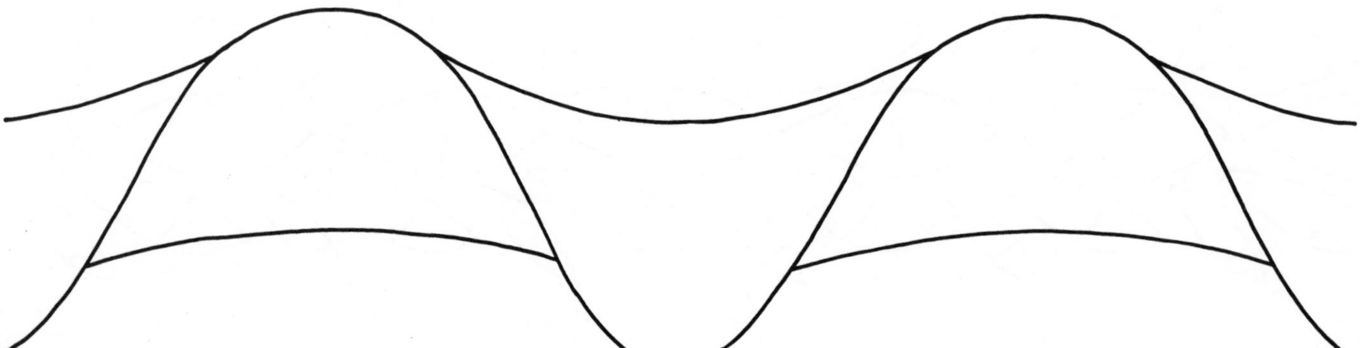

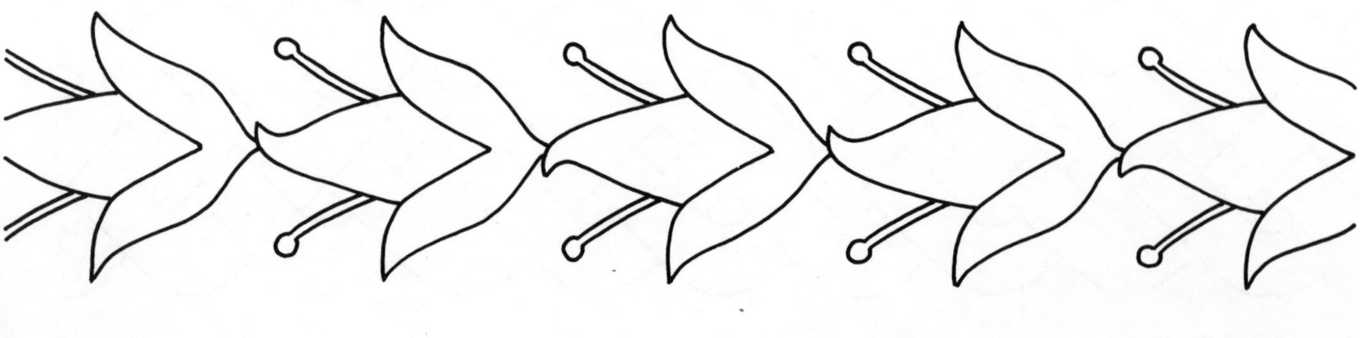

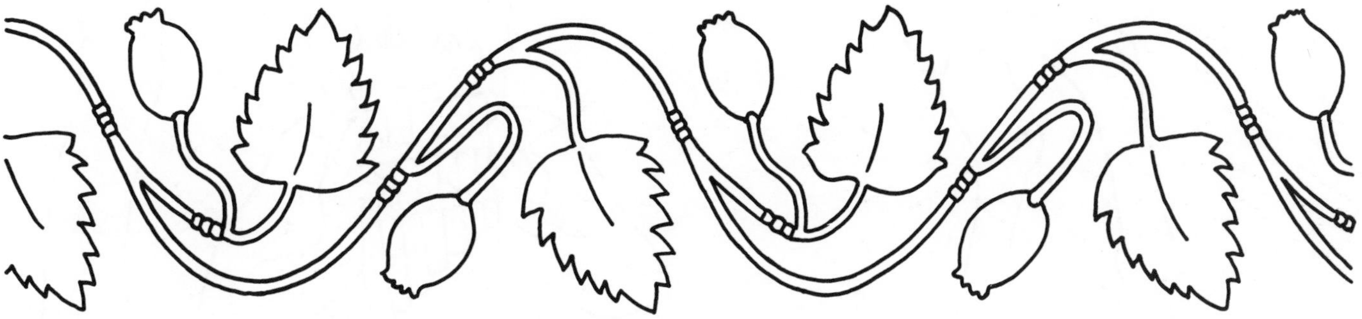

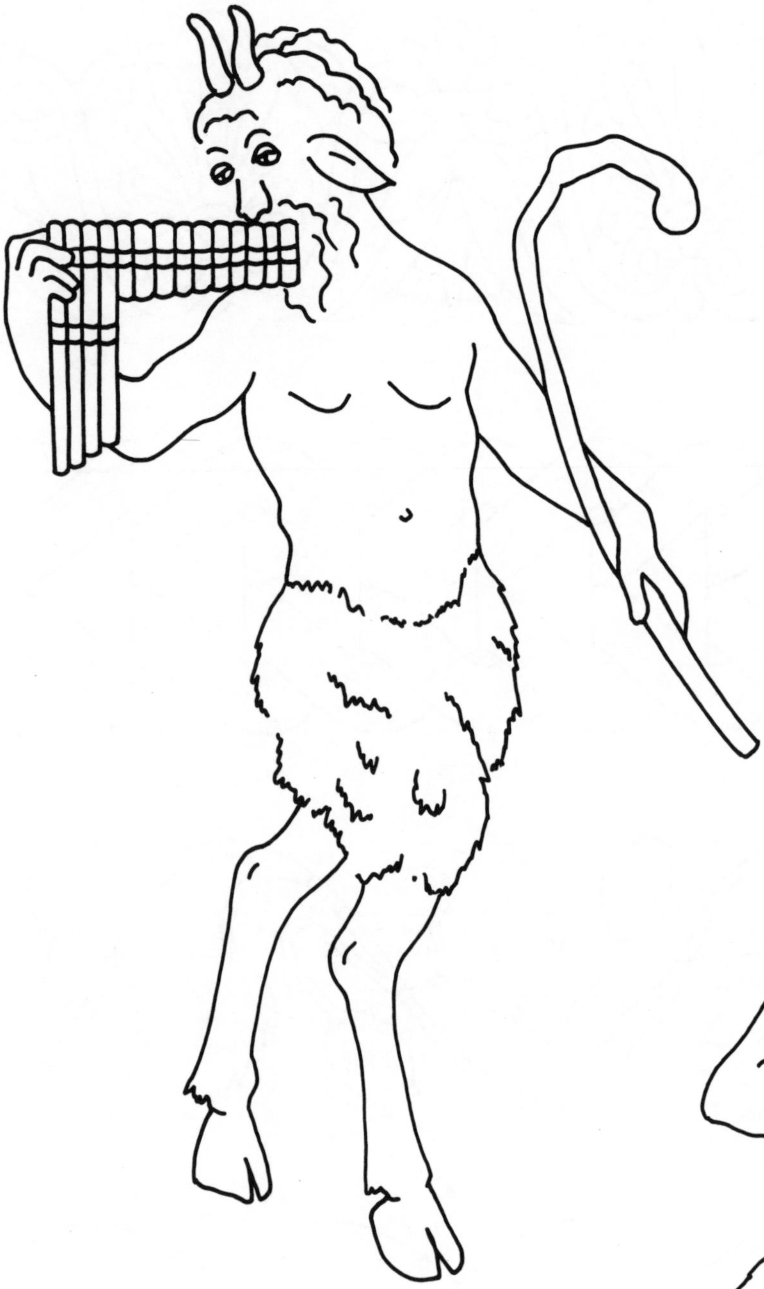

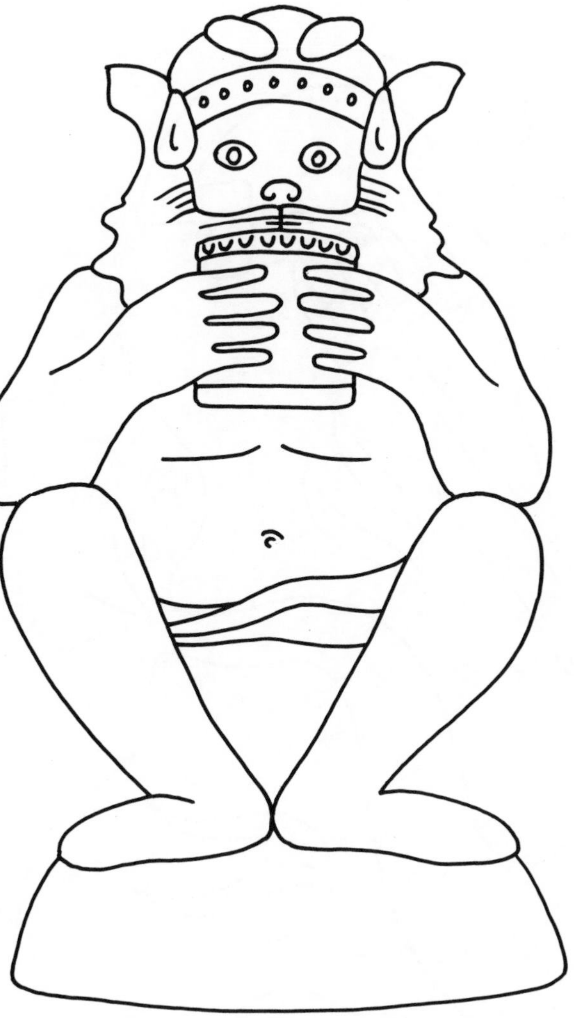
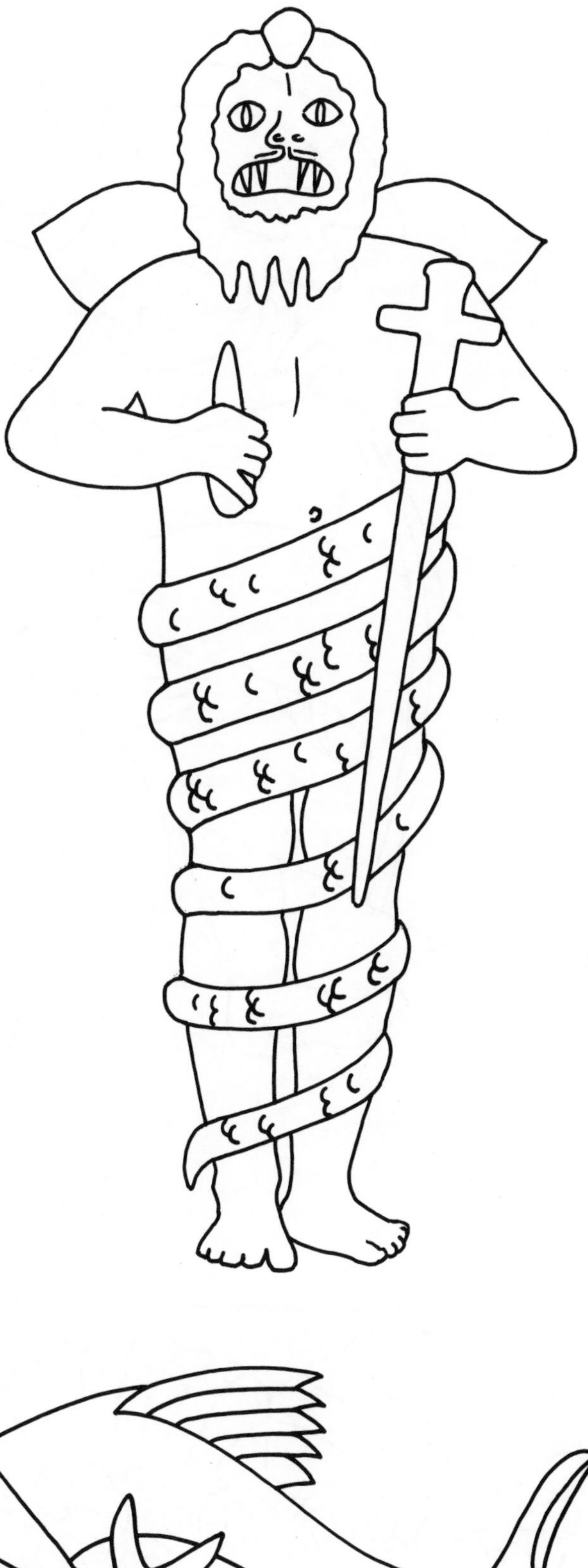

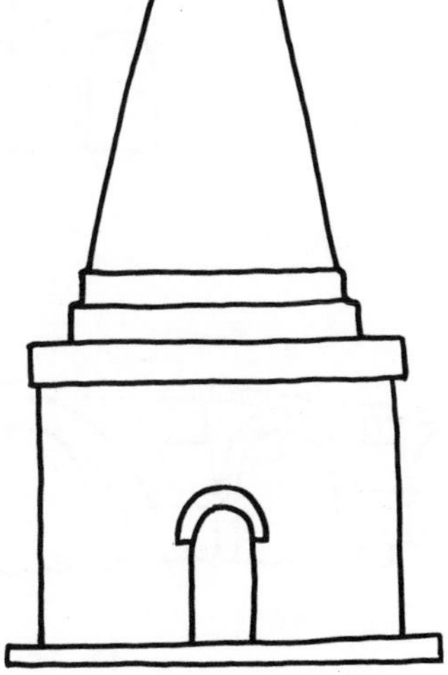

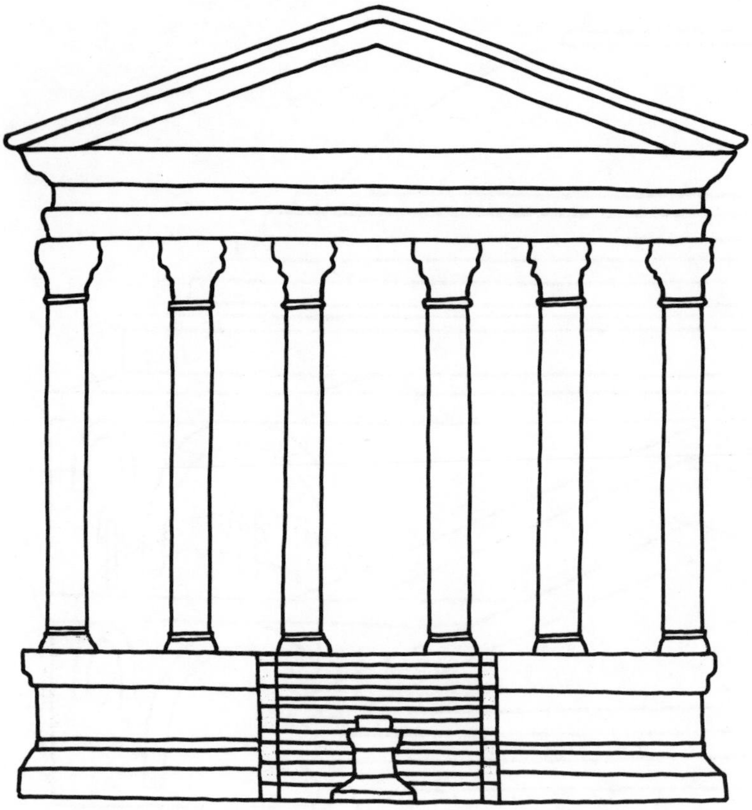

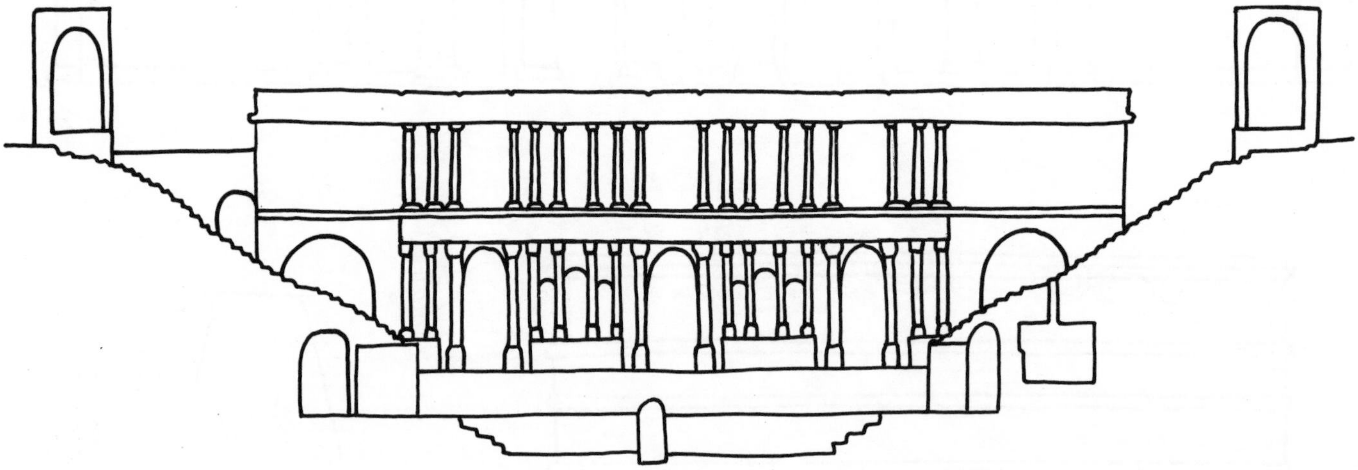

S
G
ROMA
PANSA
PERPETVO
CAESAR · DICT
CONSTANTINVS
AVG

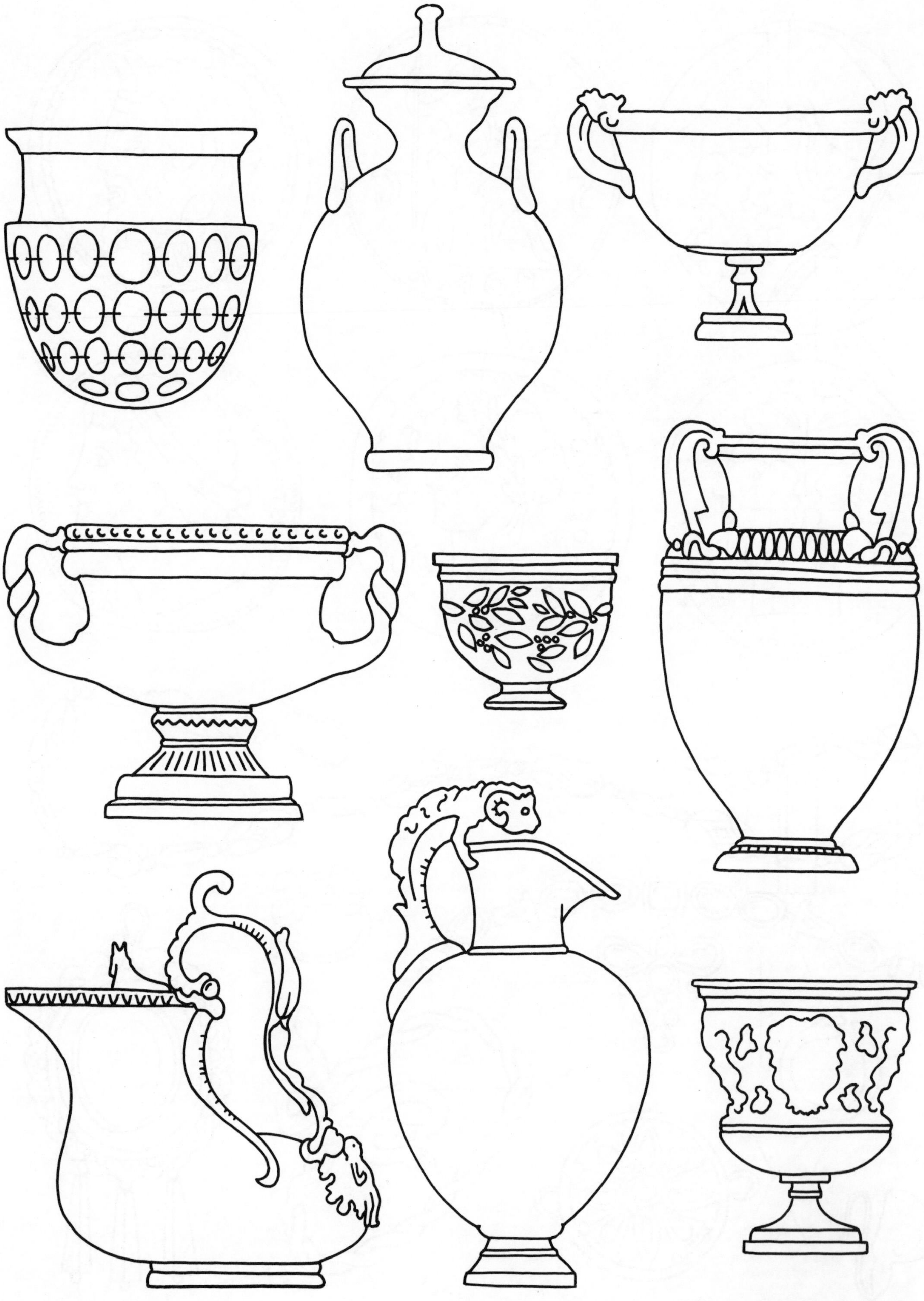

I II III IV V VI
VII VIII IX X
XX L C M

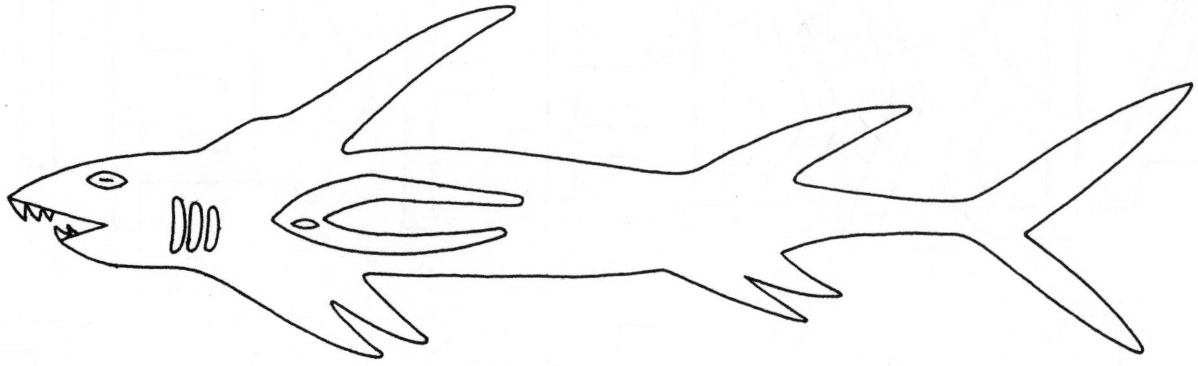

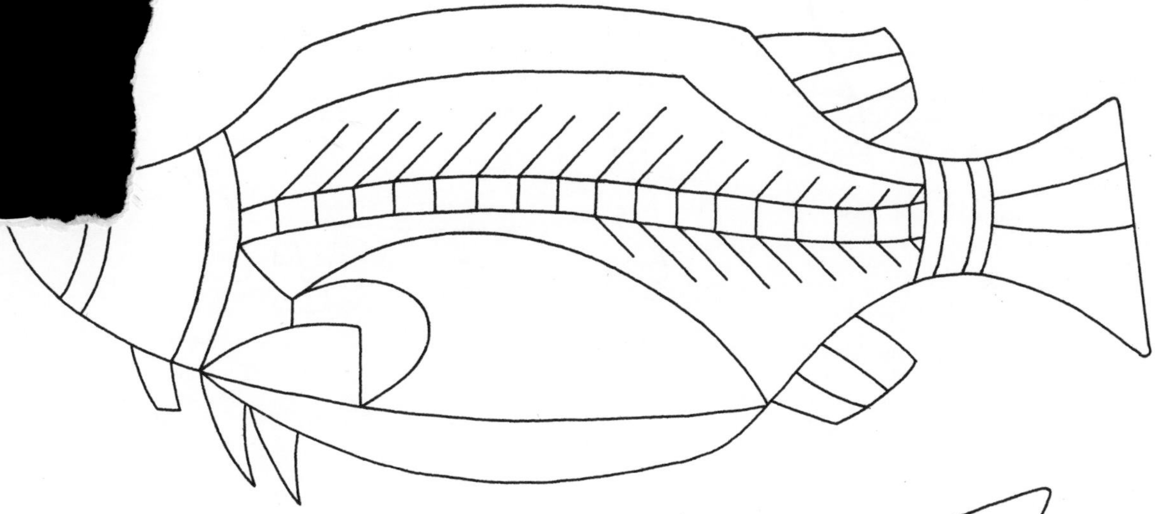

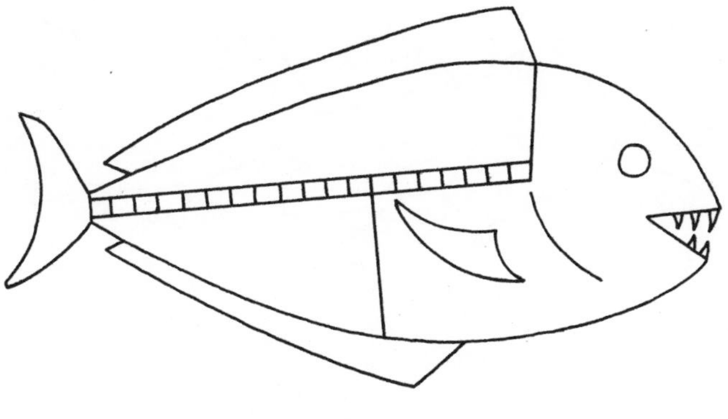

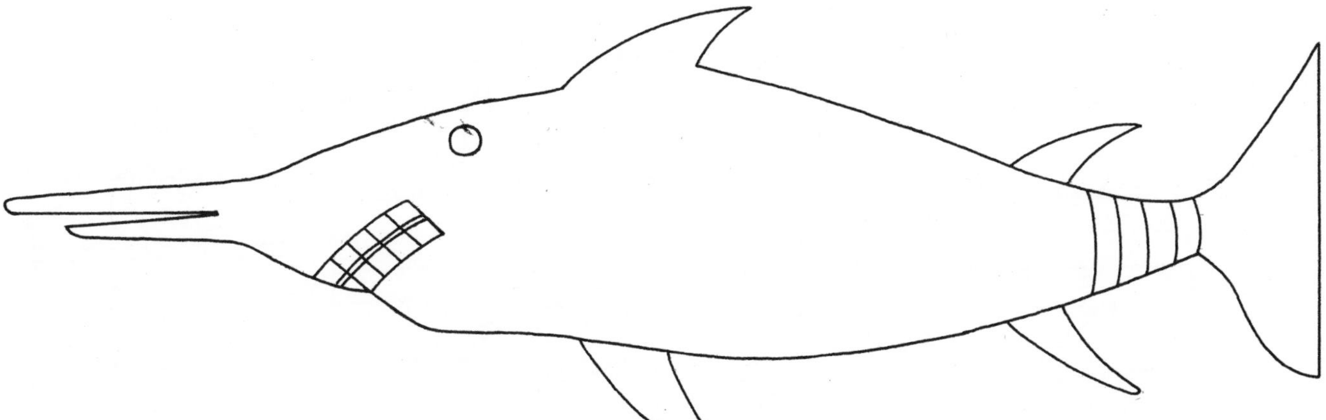

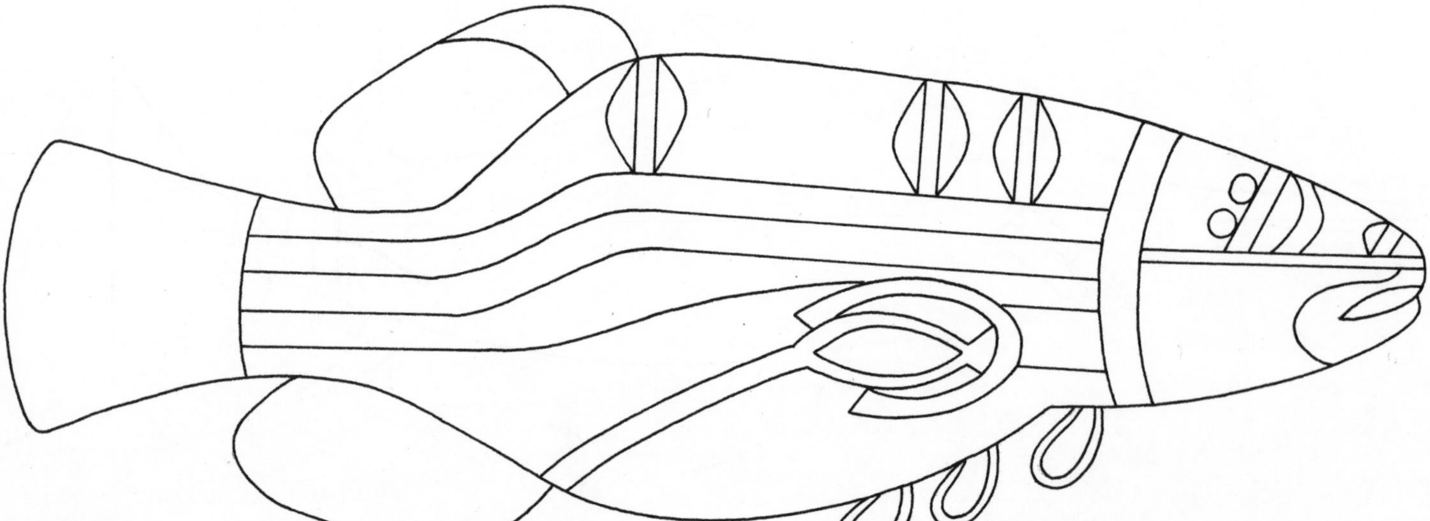

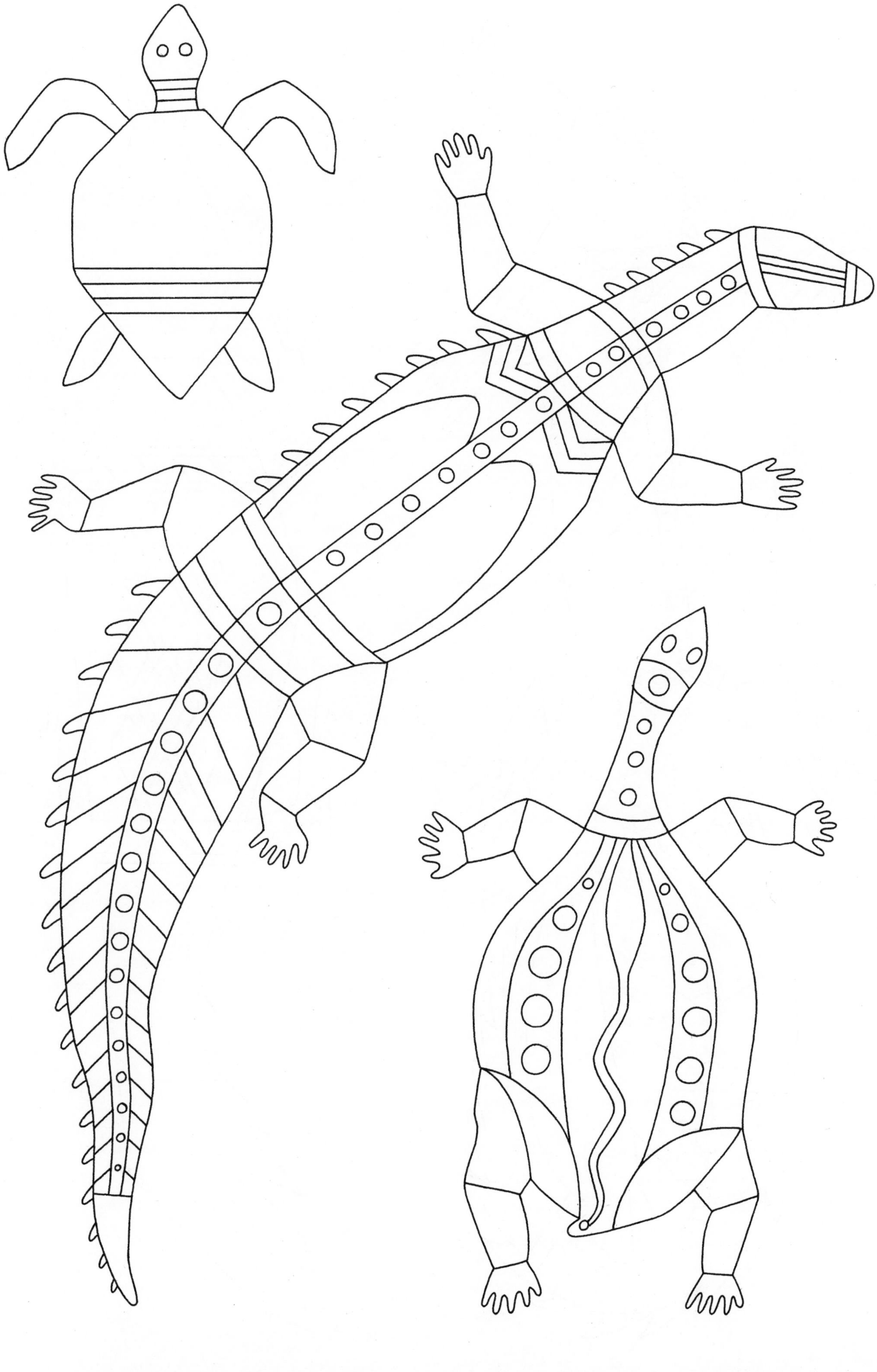

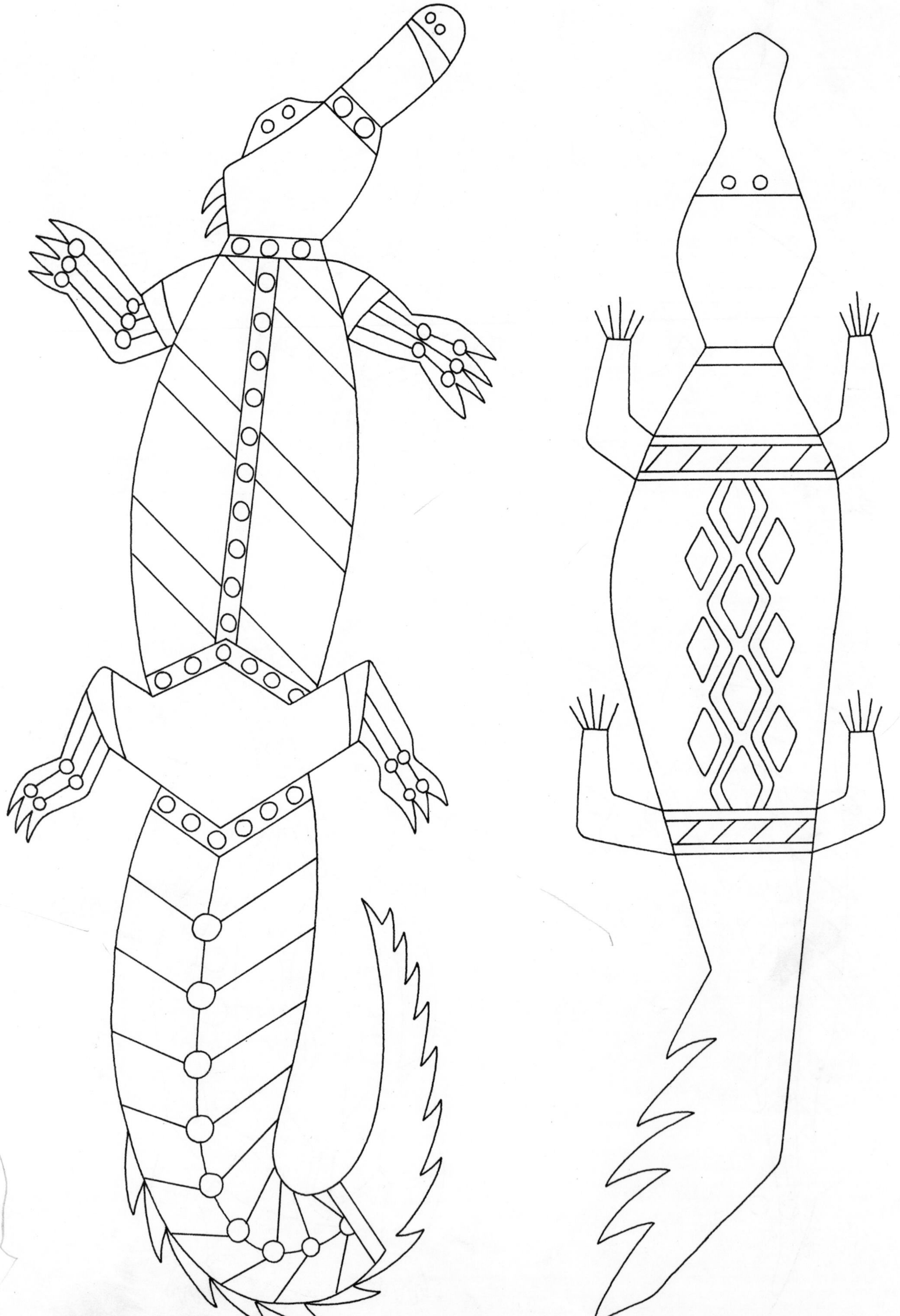

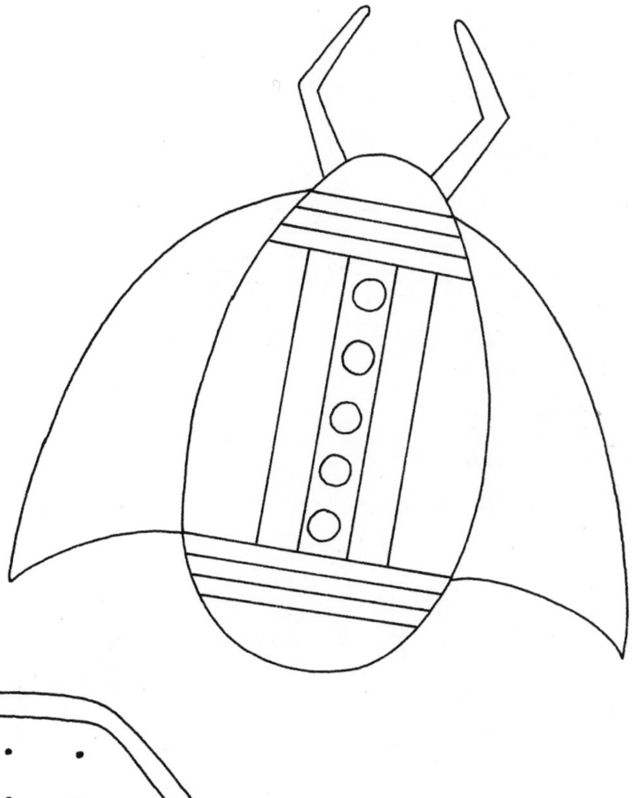

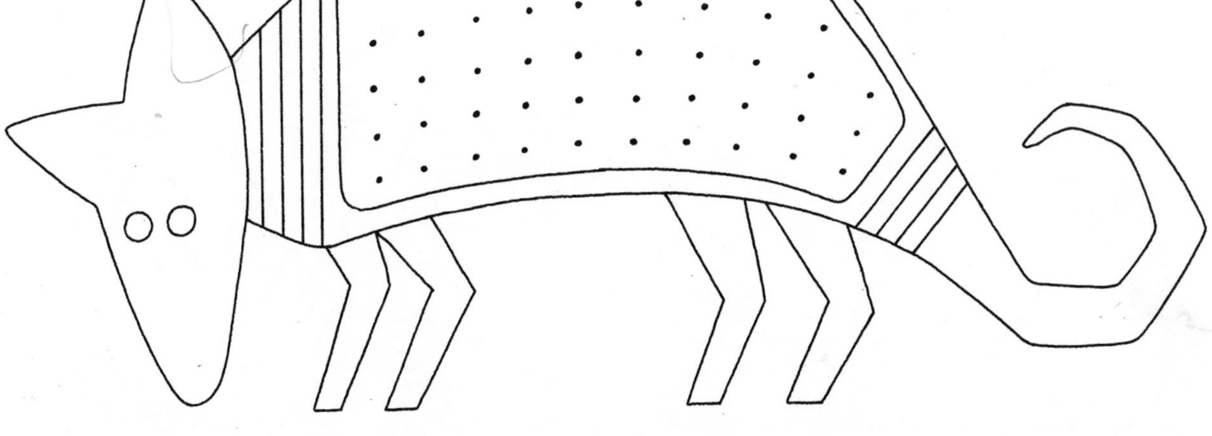

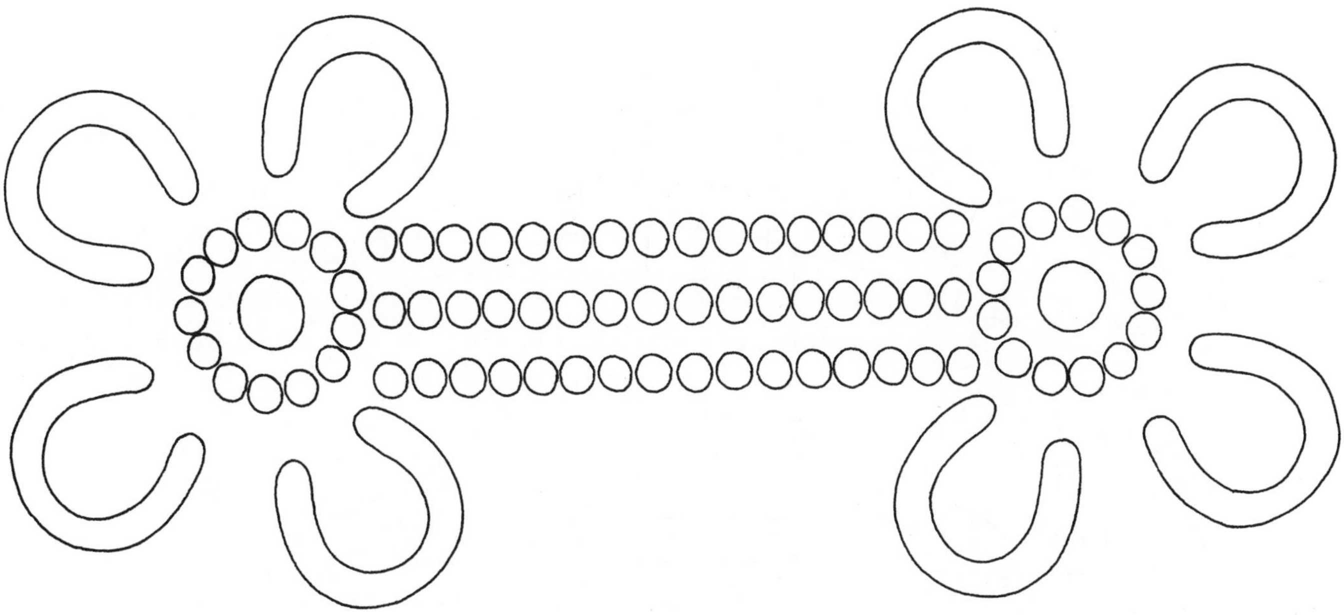

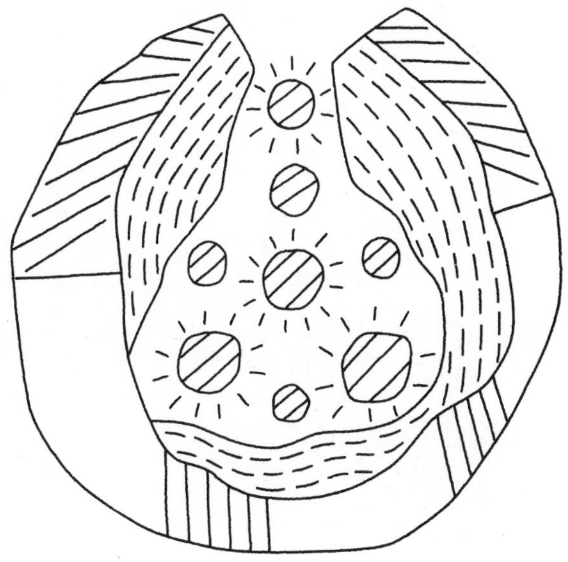

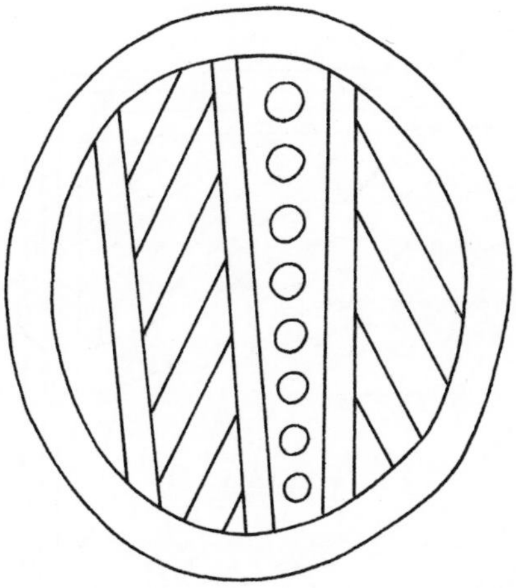
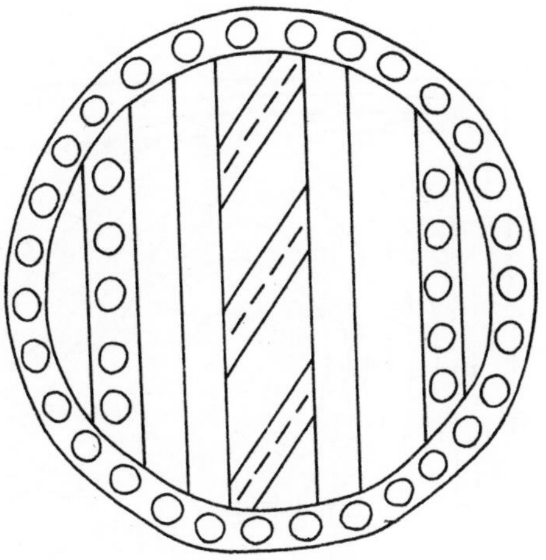

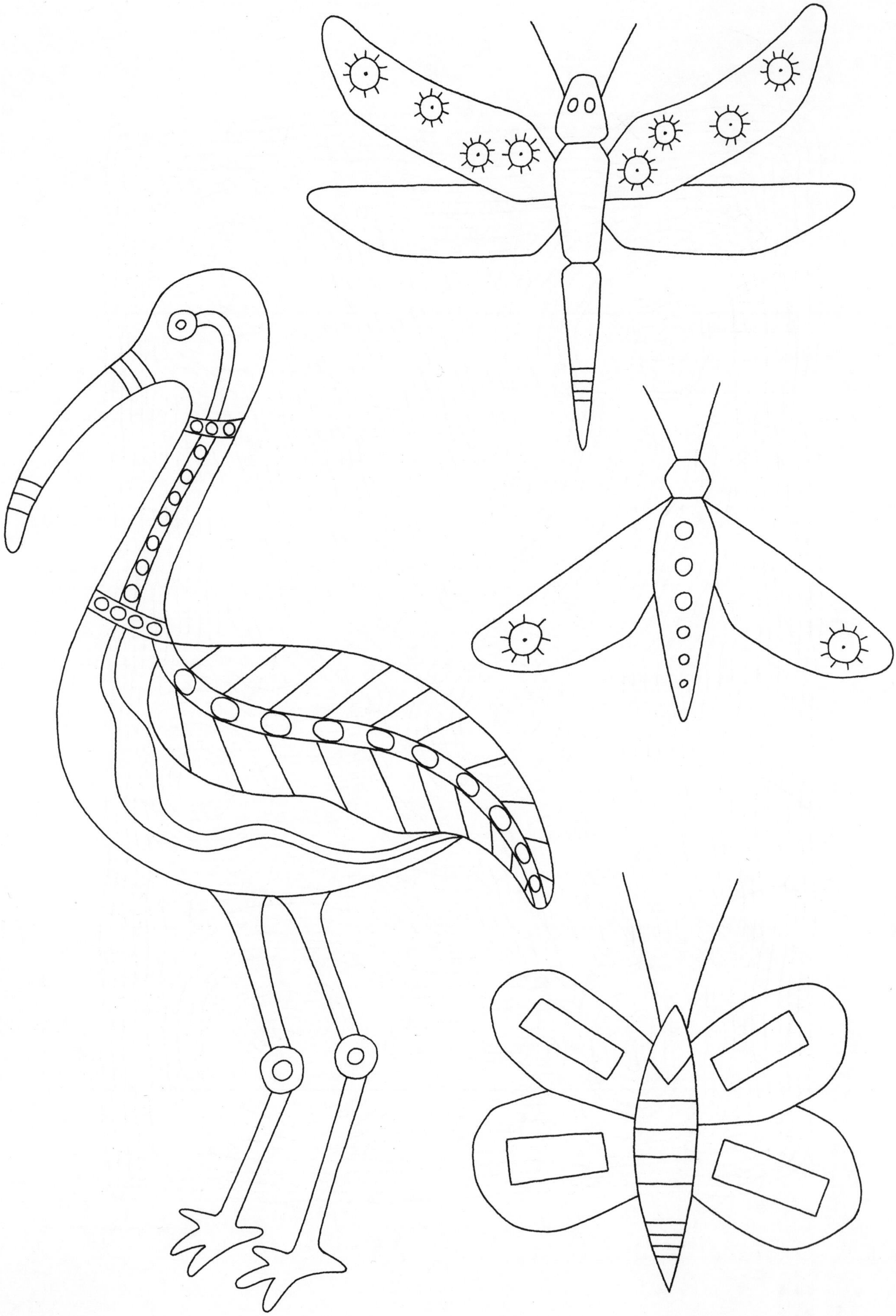

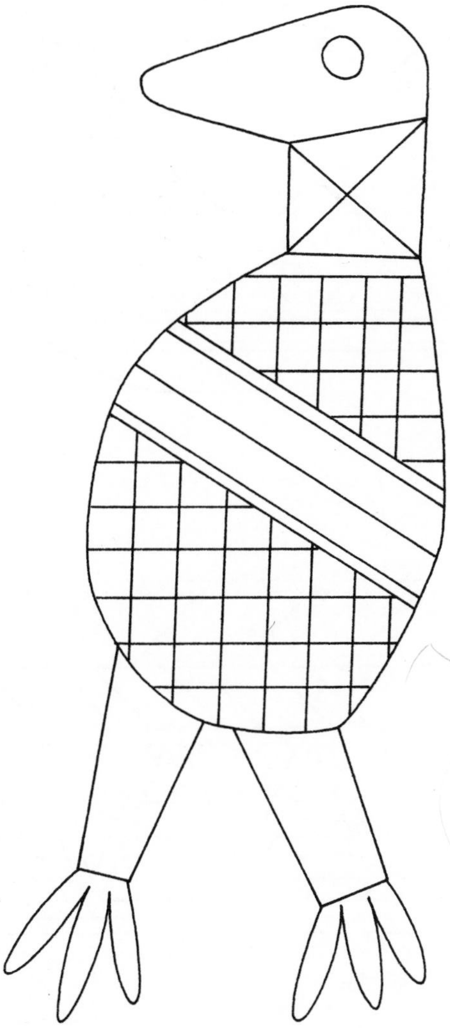

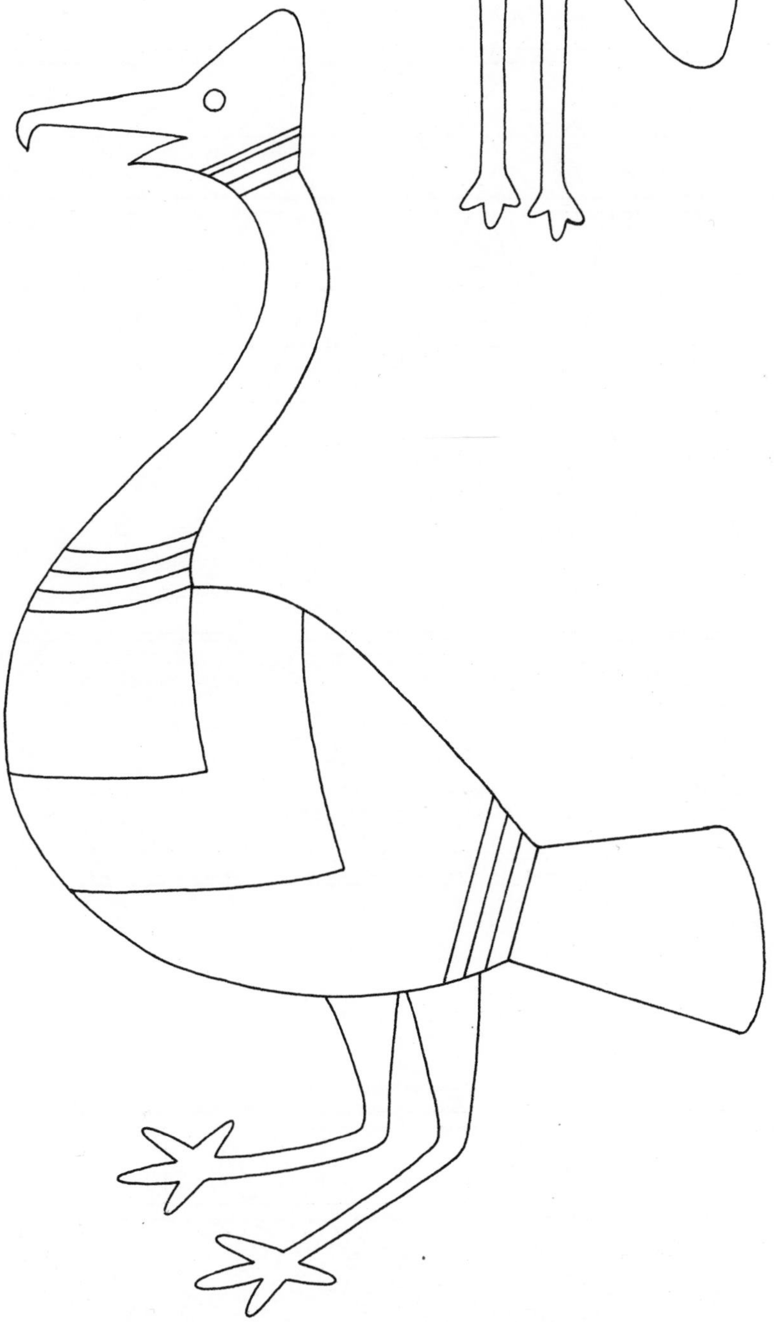

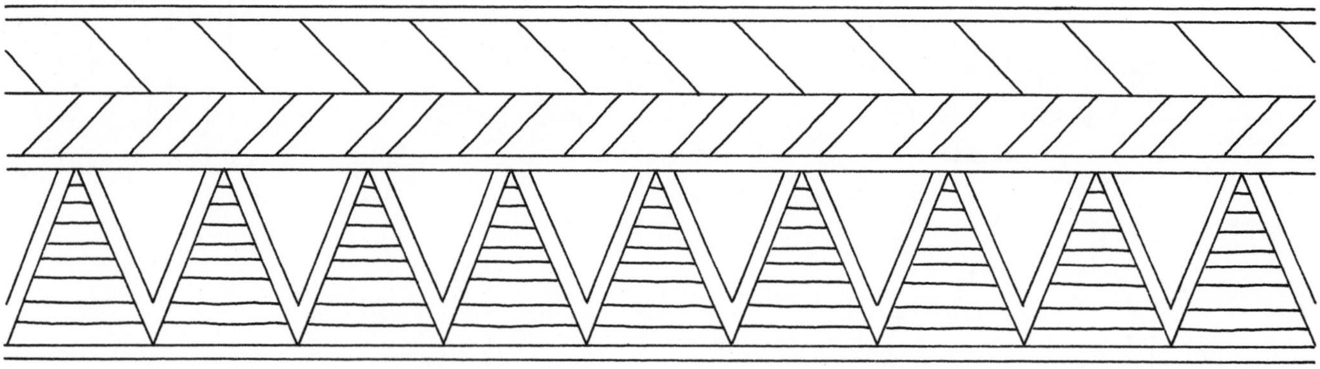

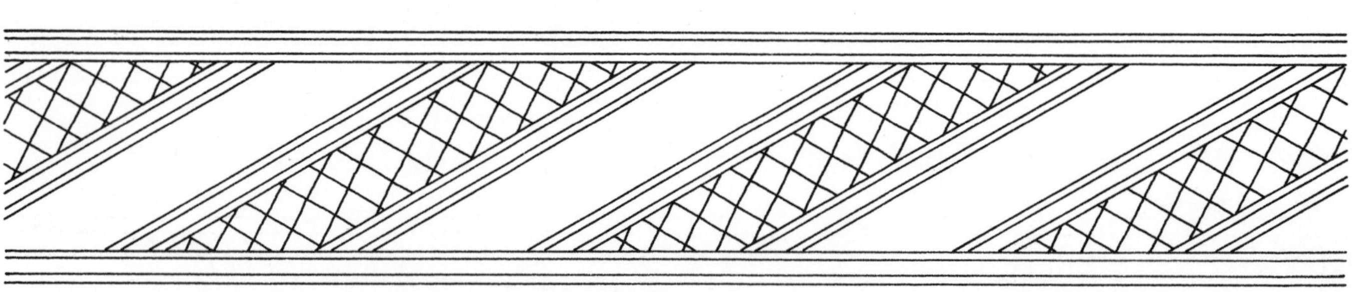

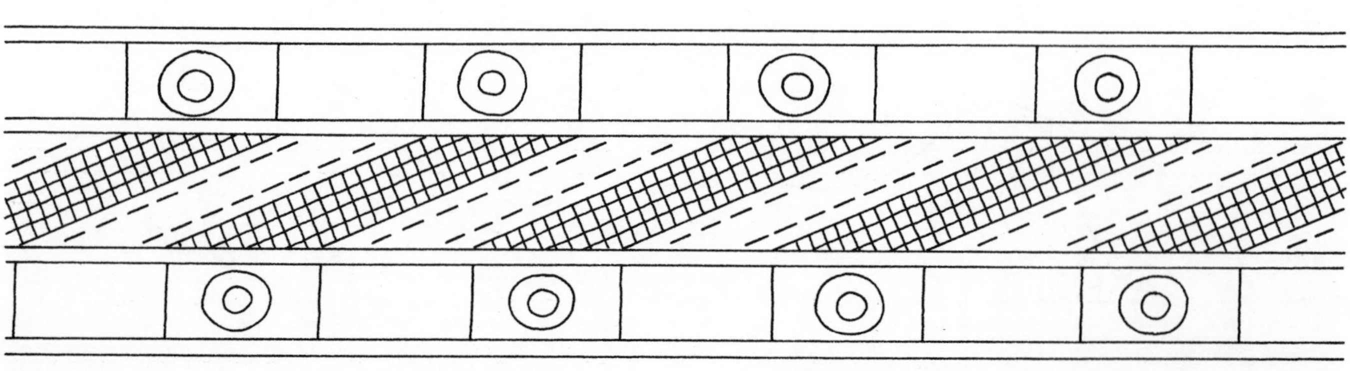

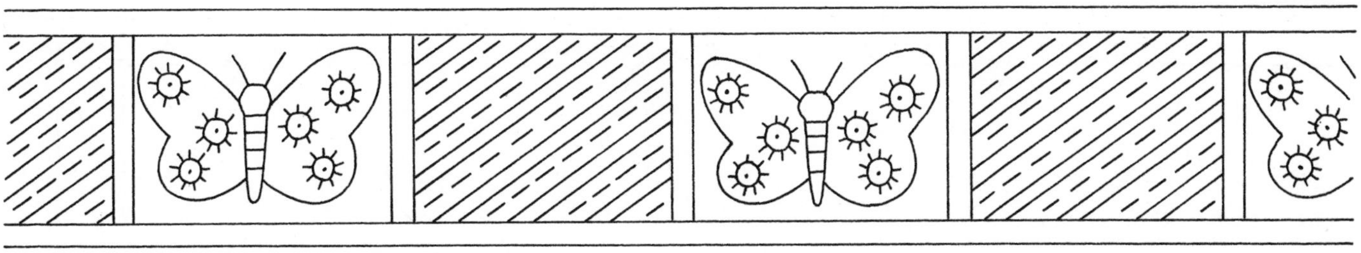

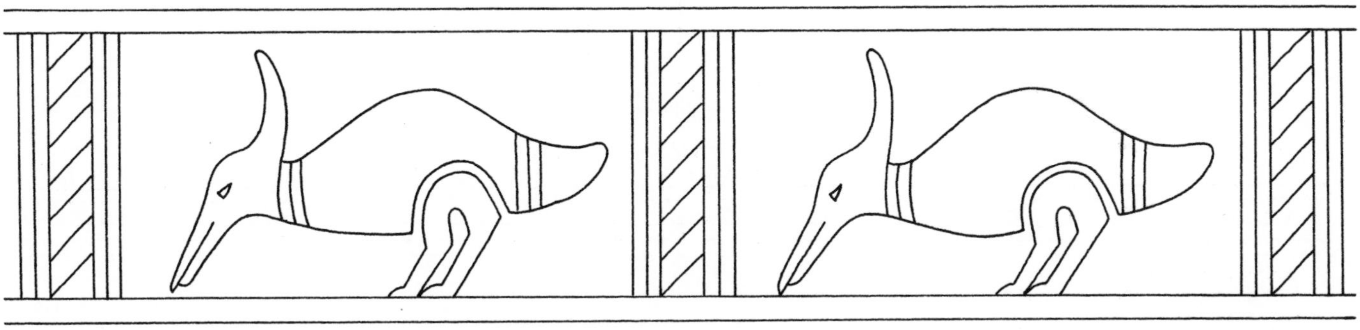

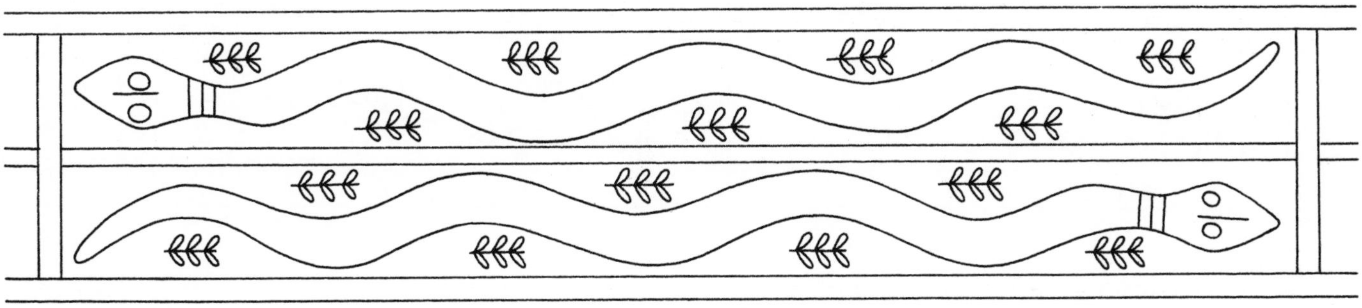

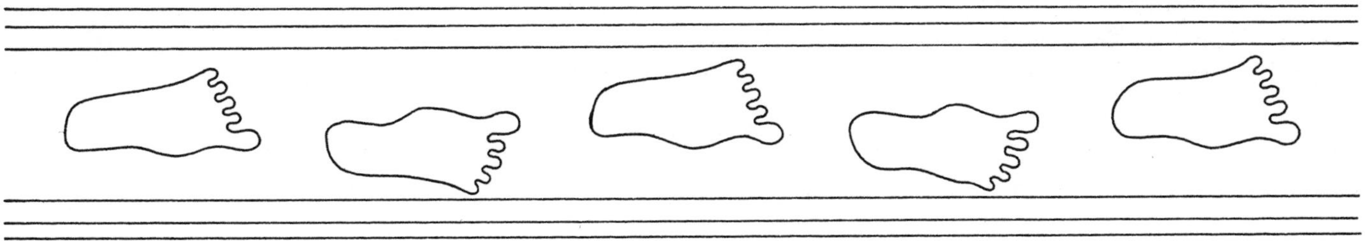

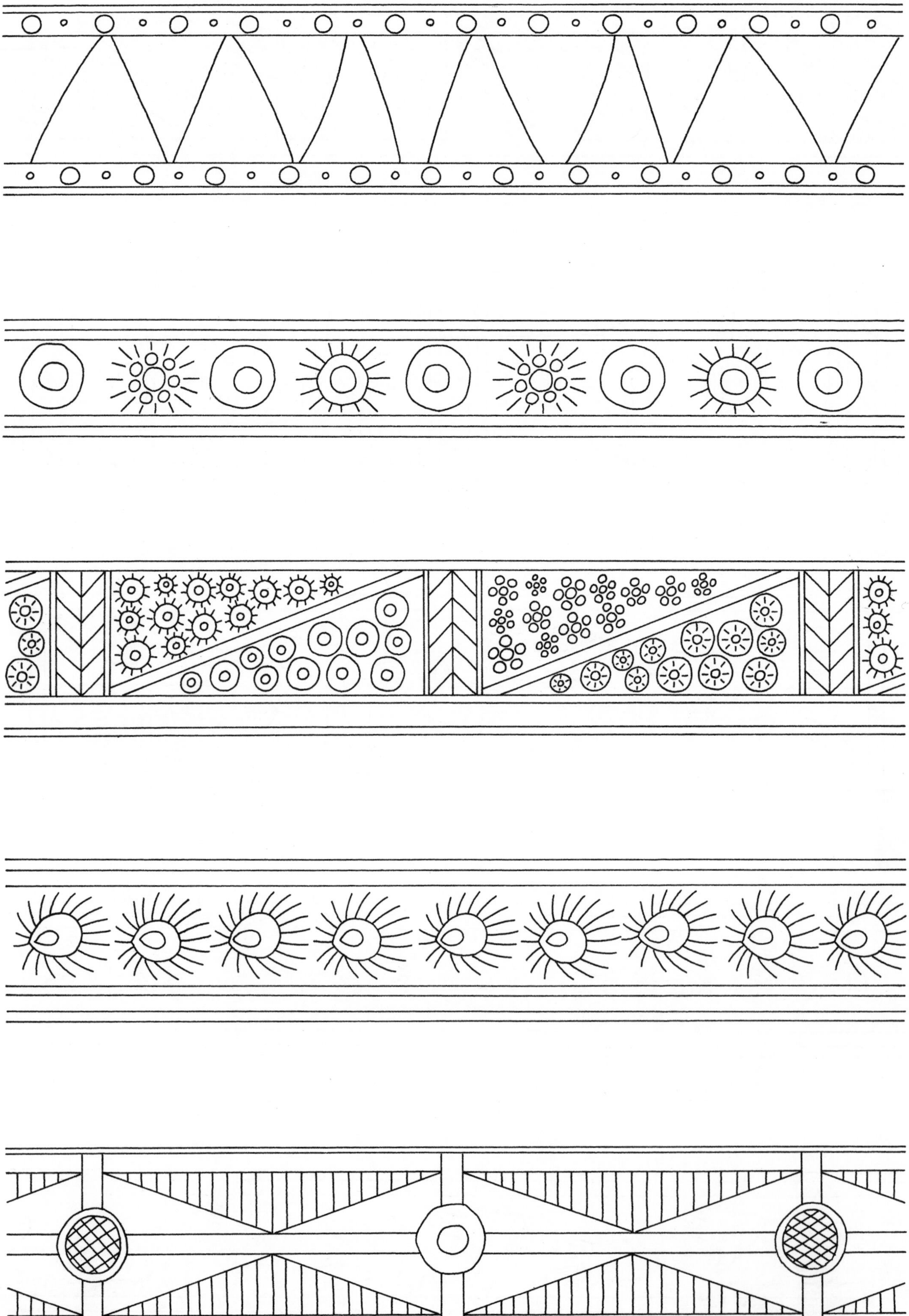

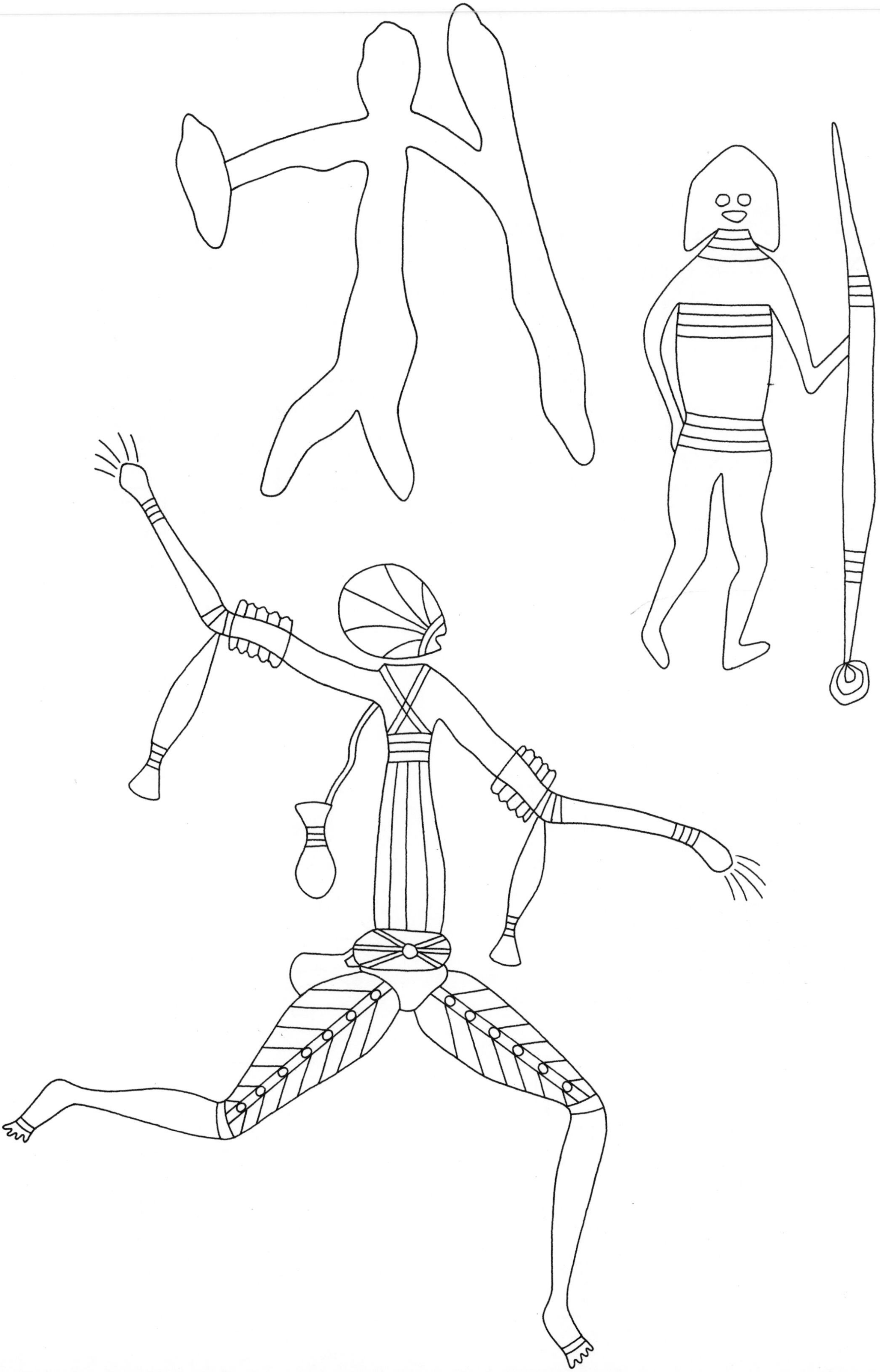

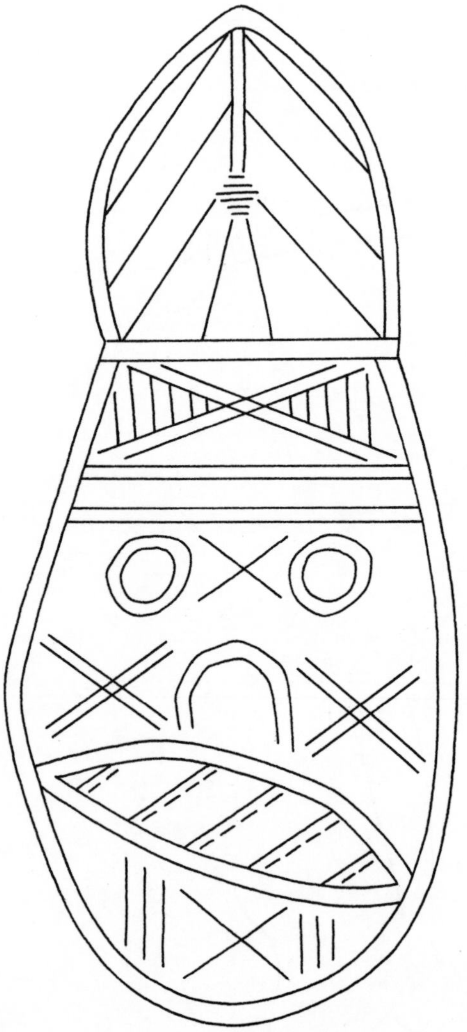

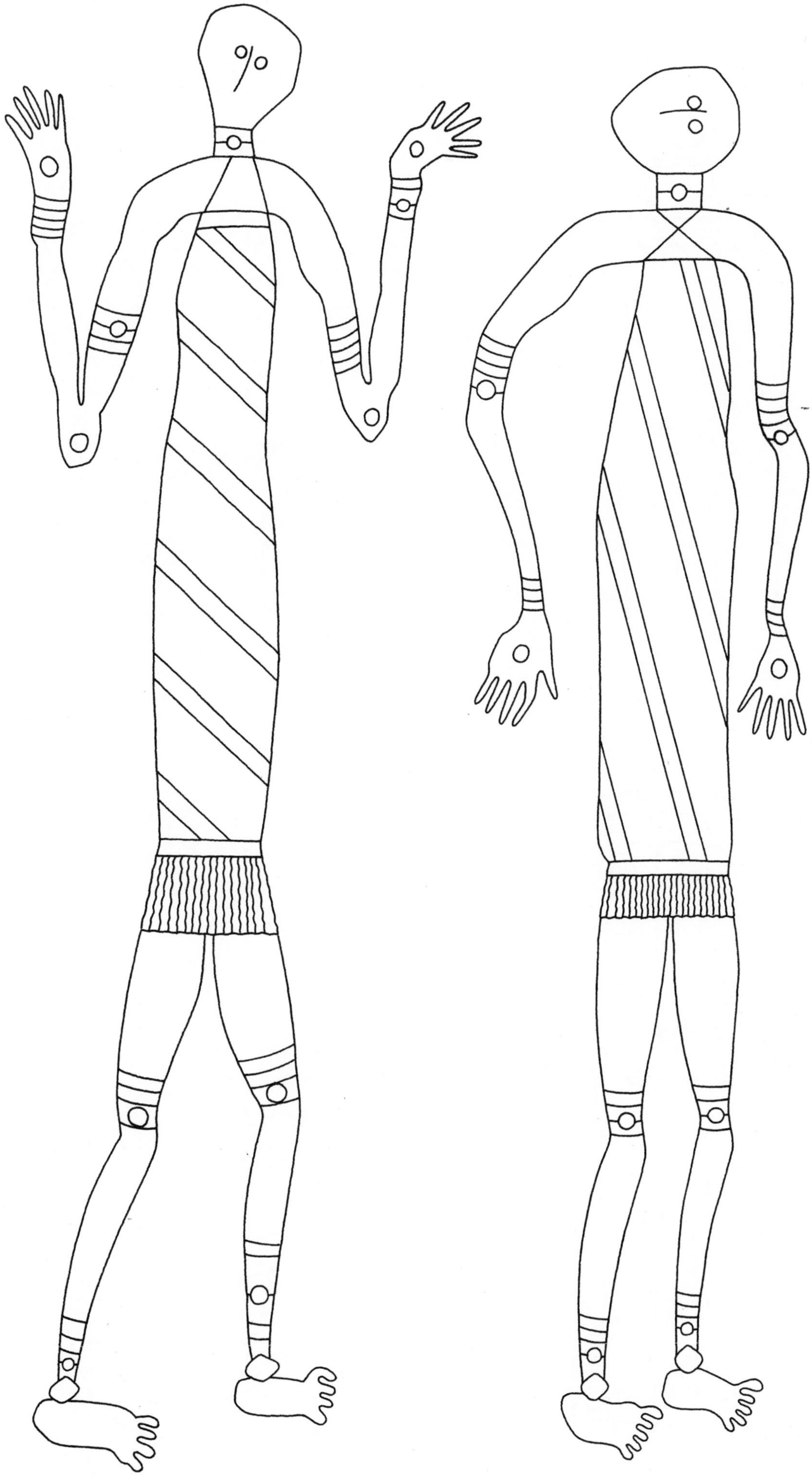

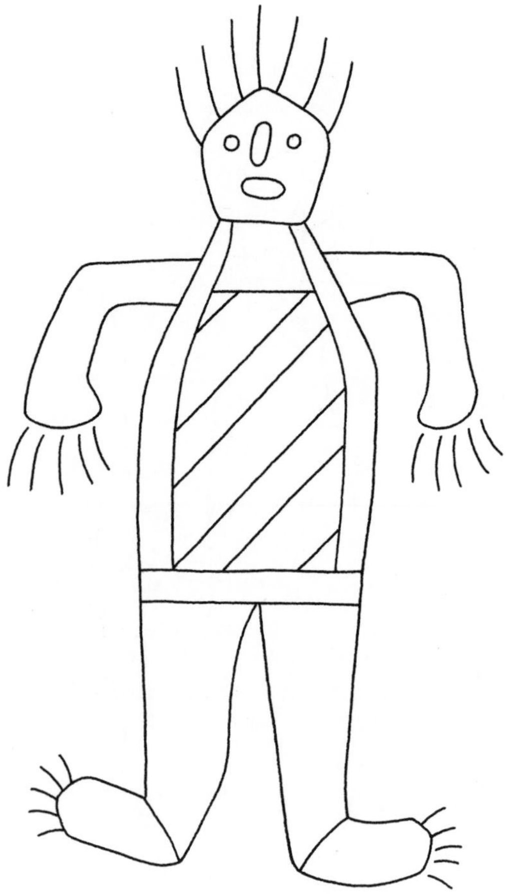

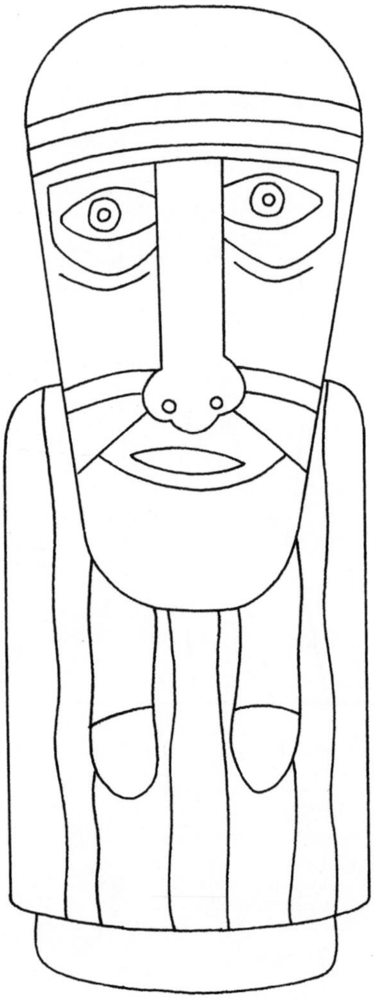

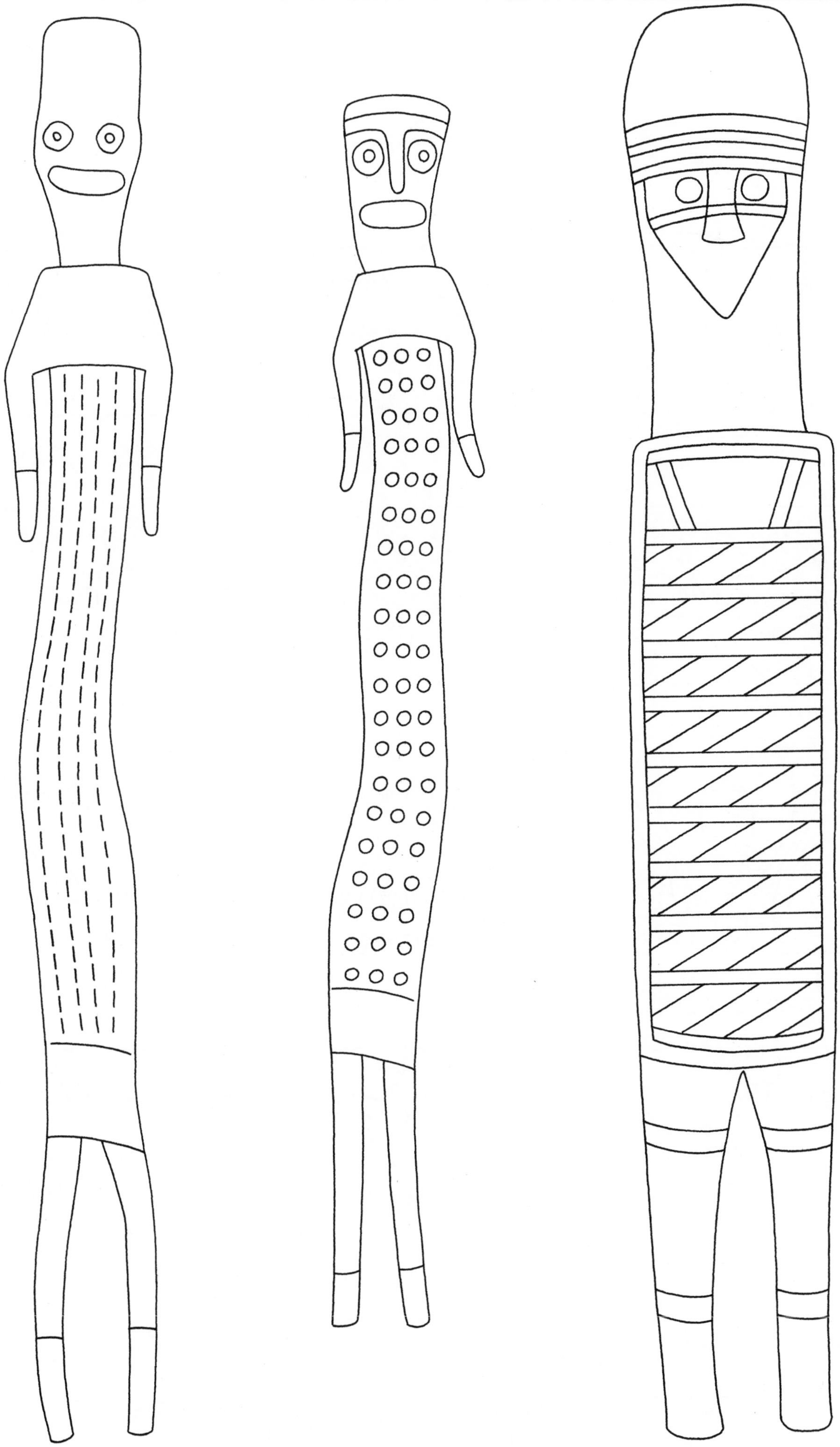

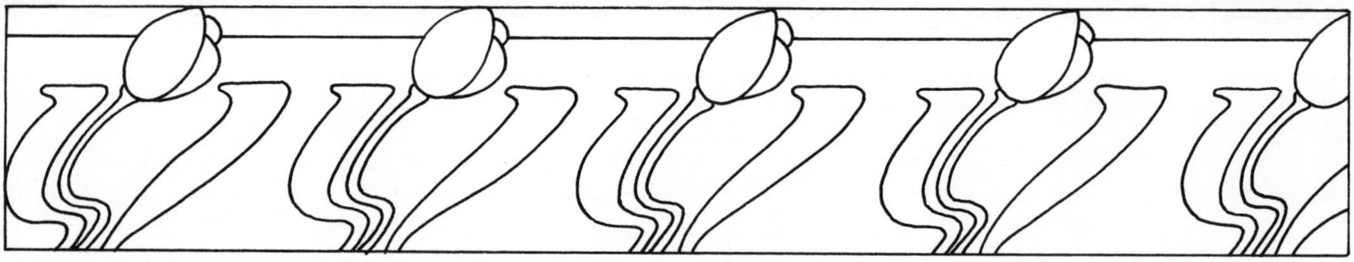

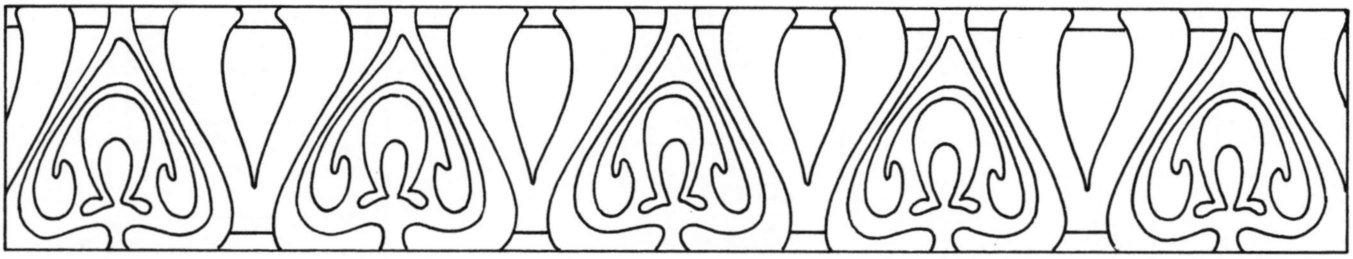

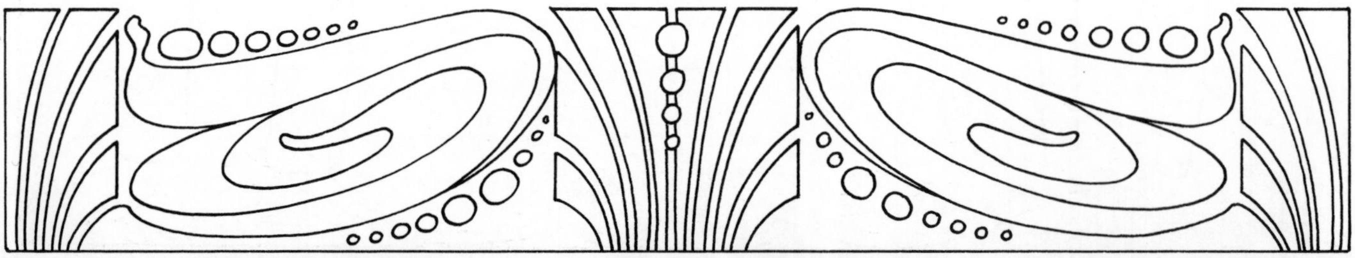

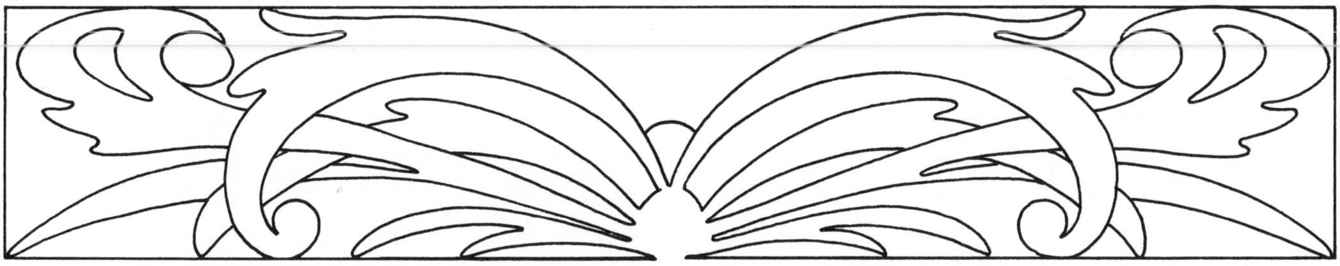

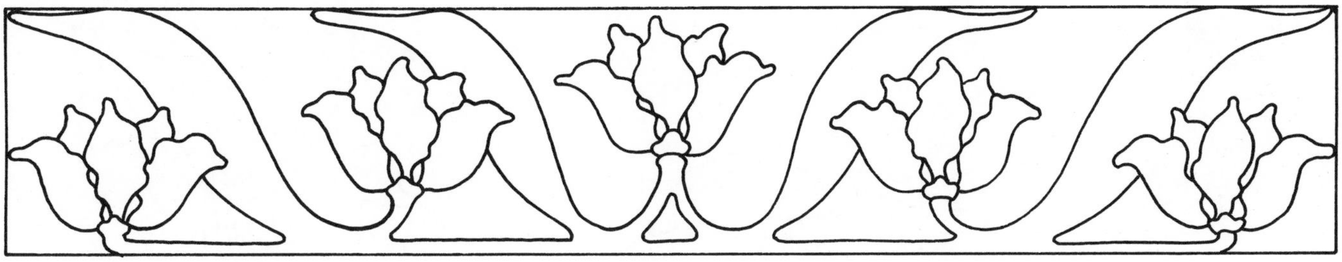

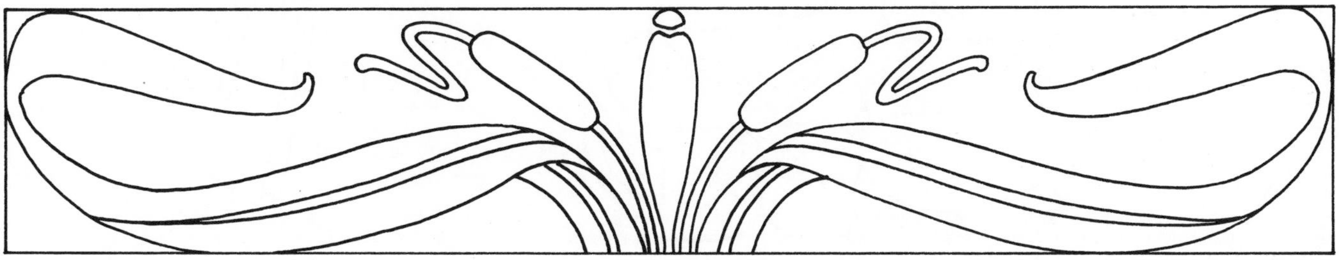

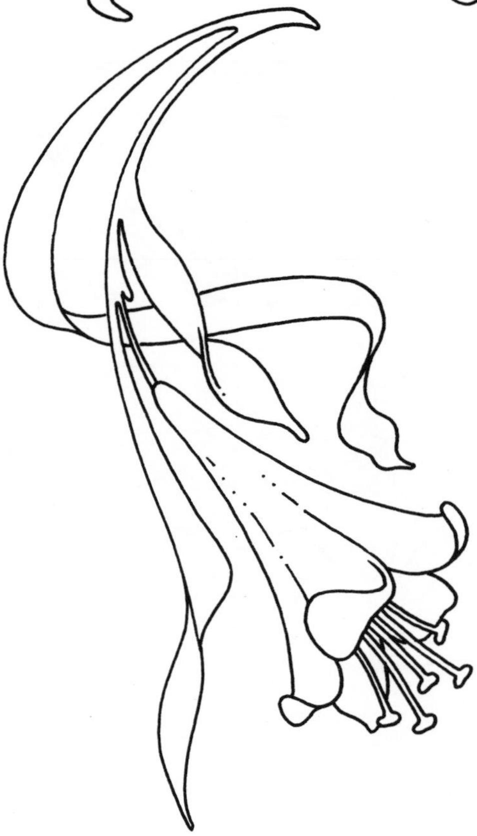

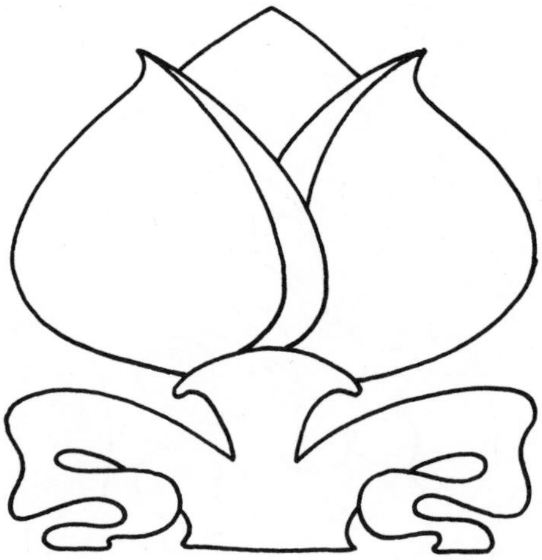

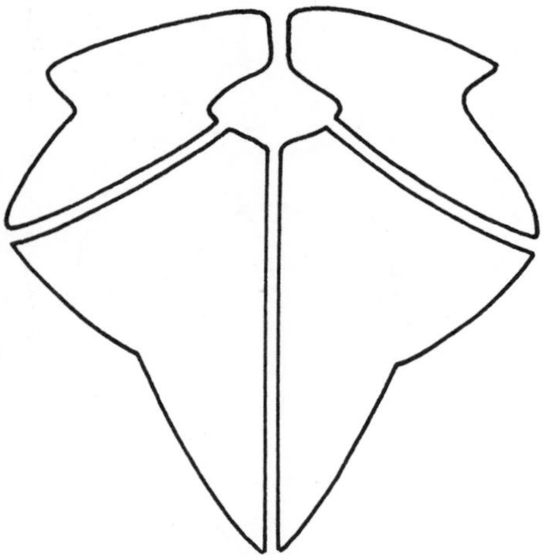

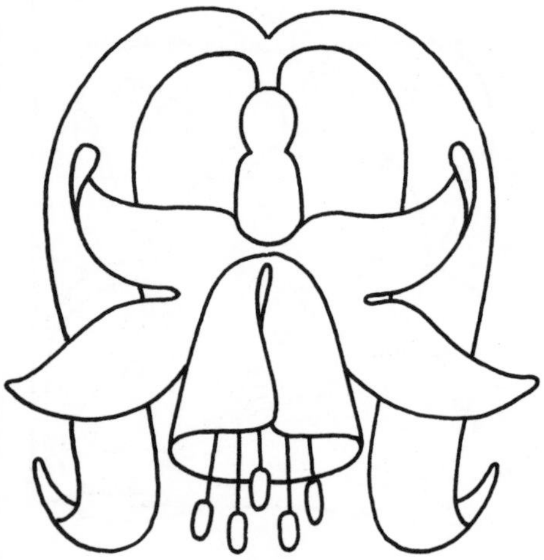

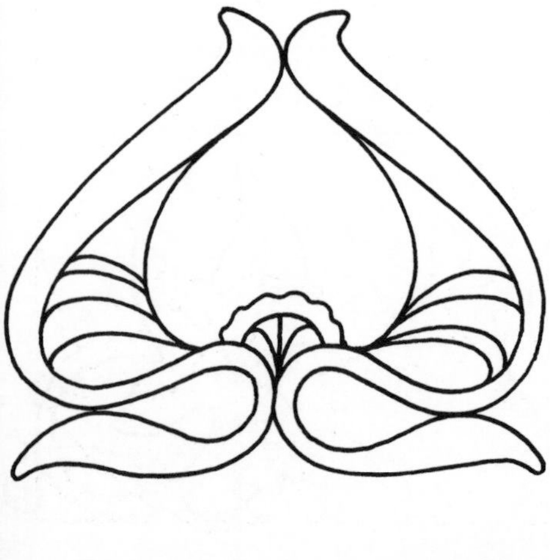
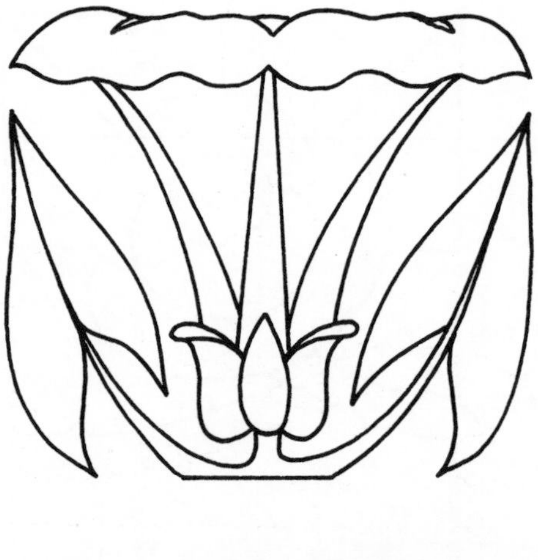

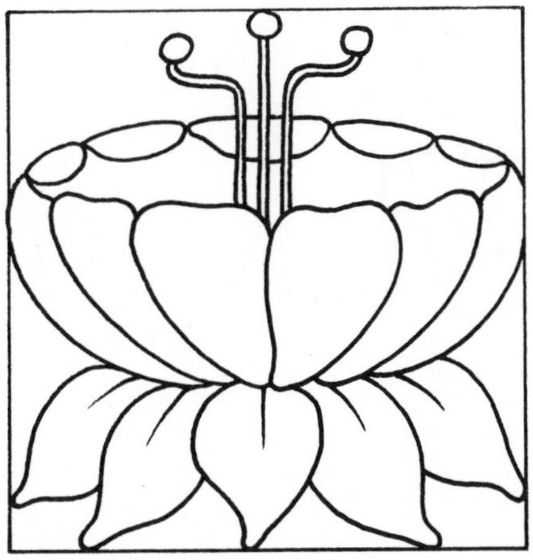

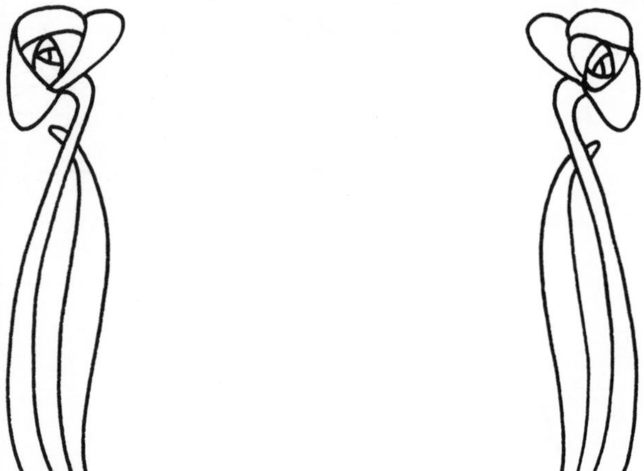

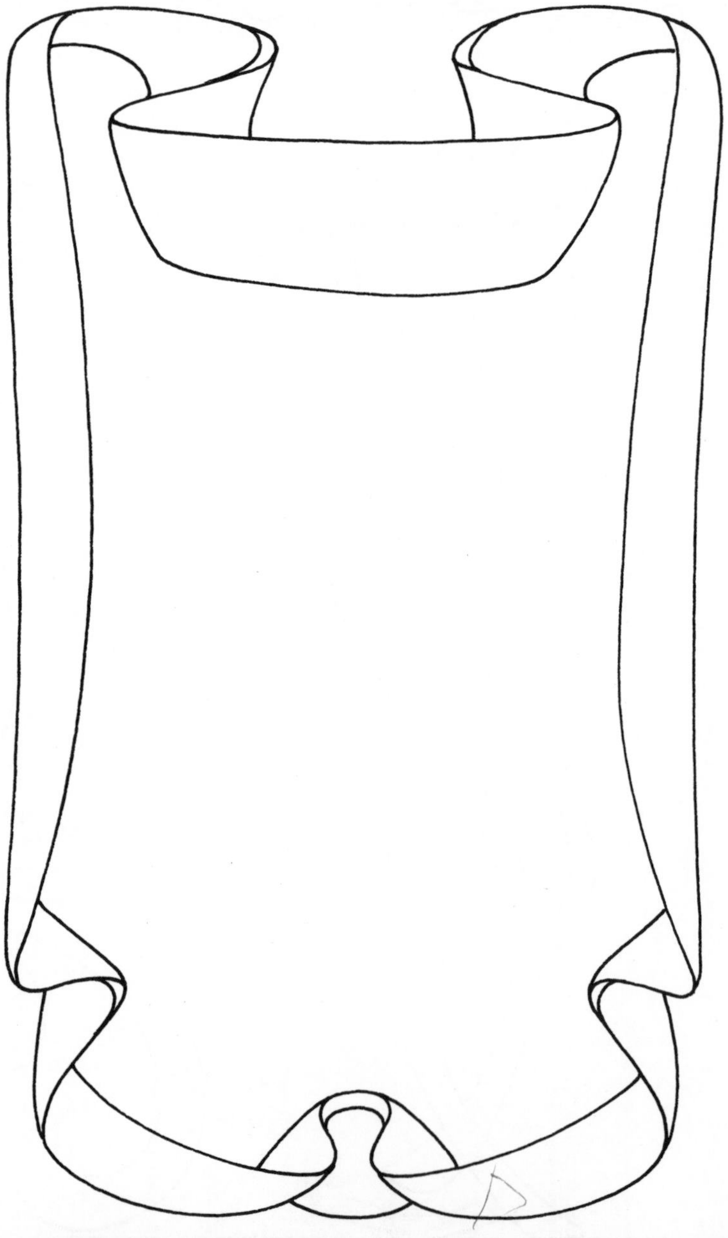

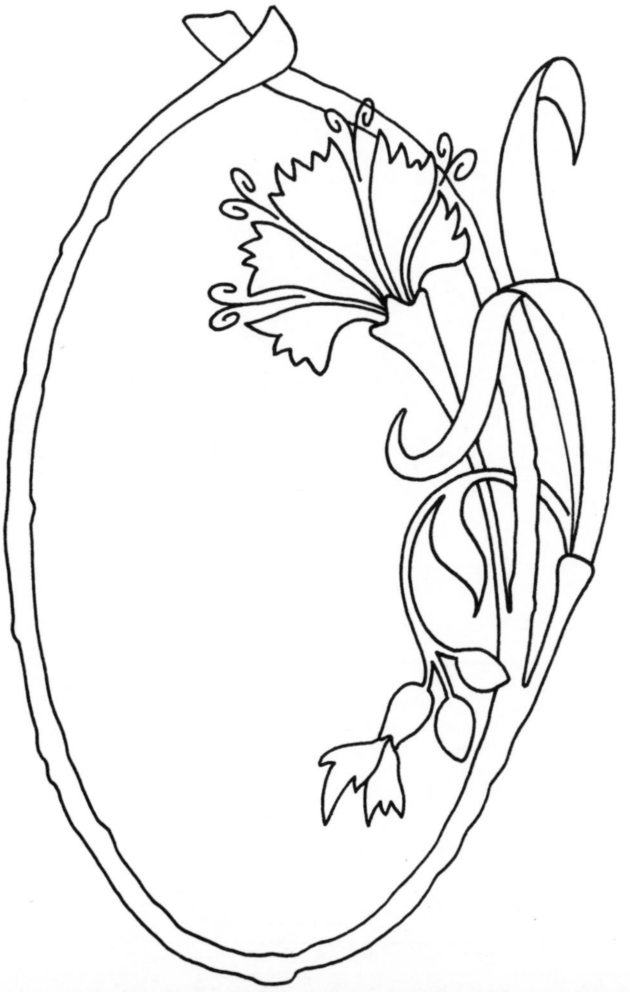
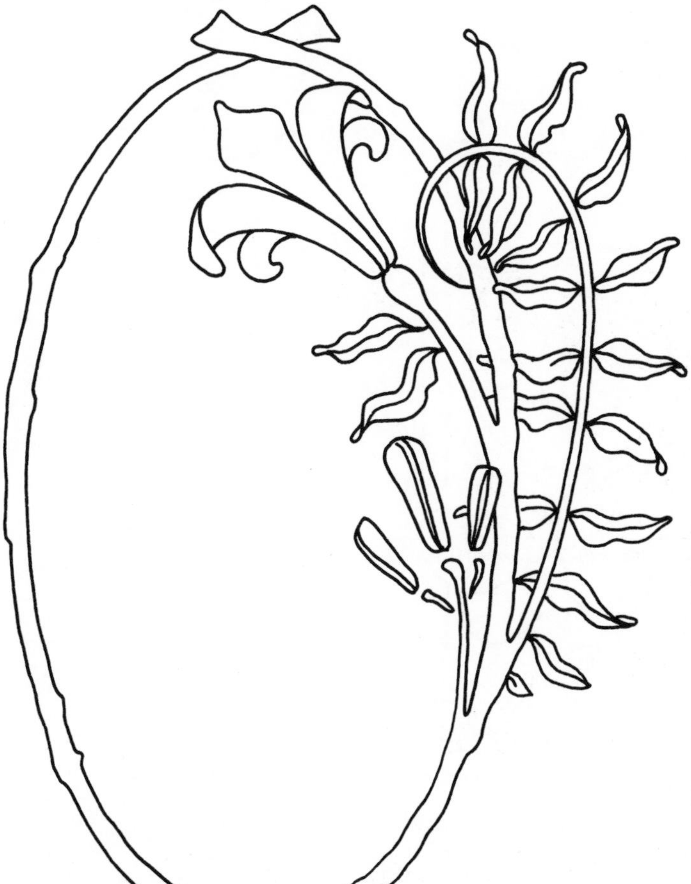

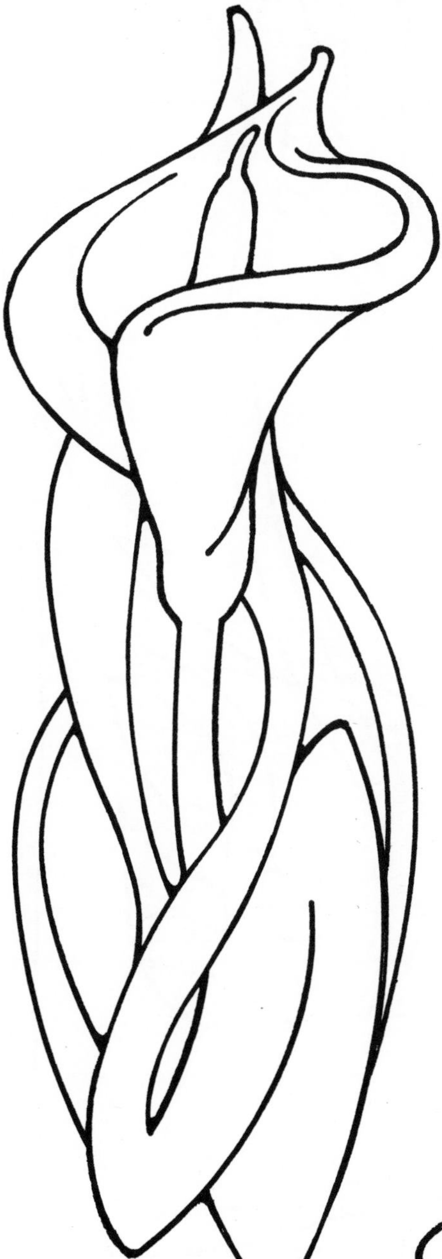

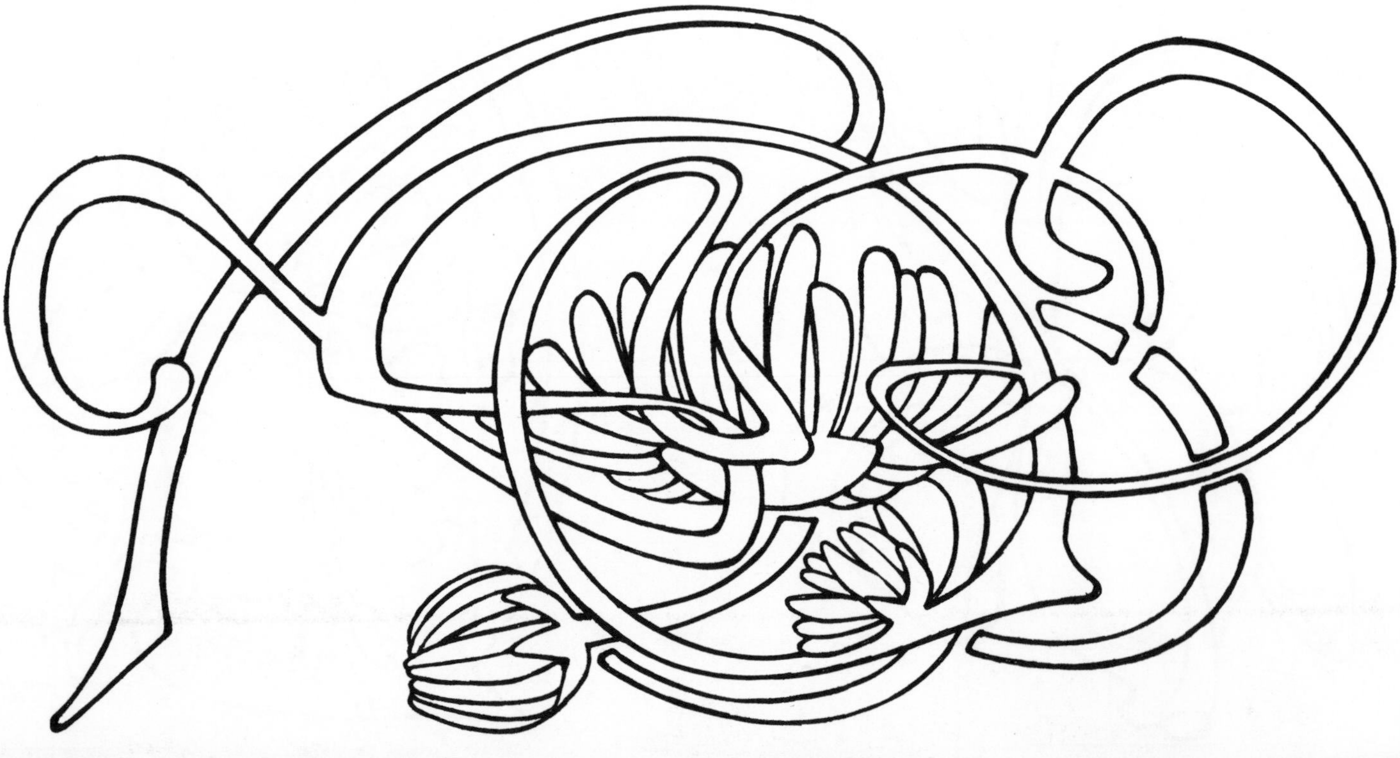

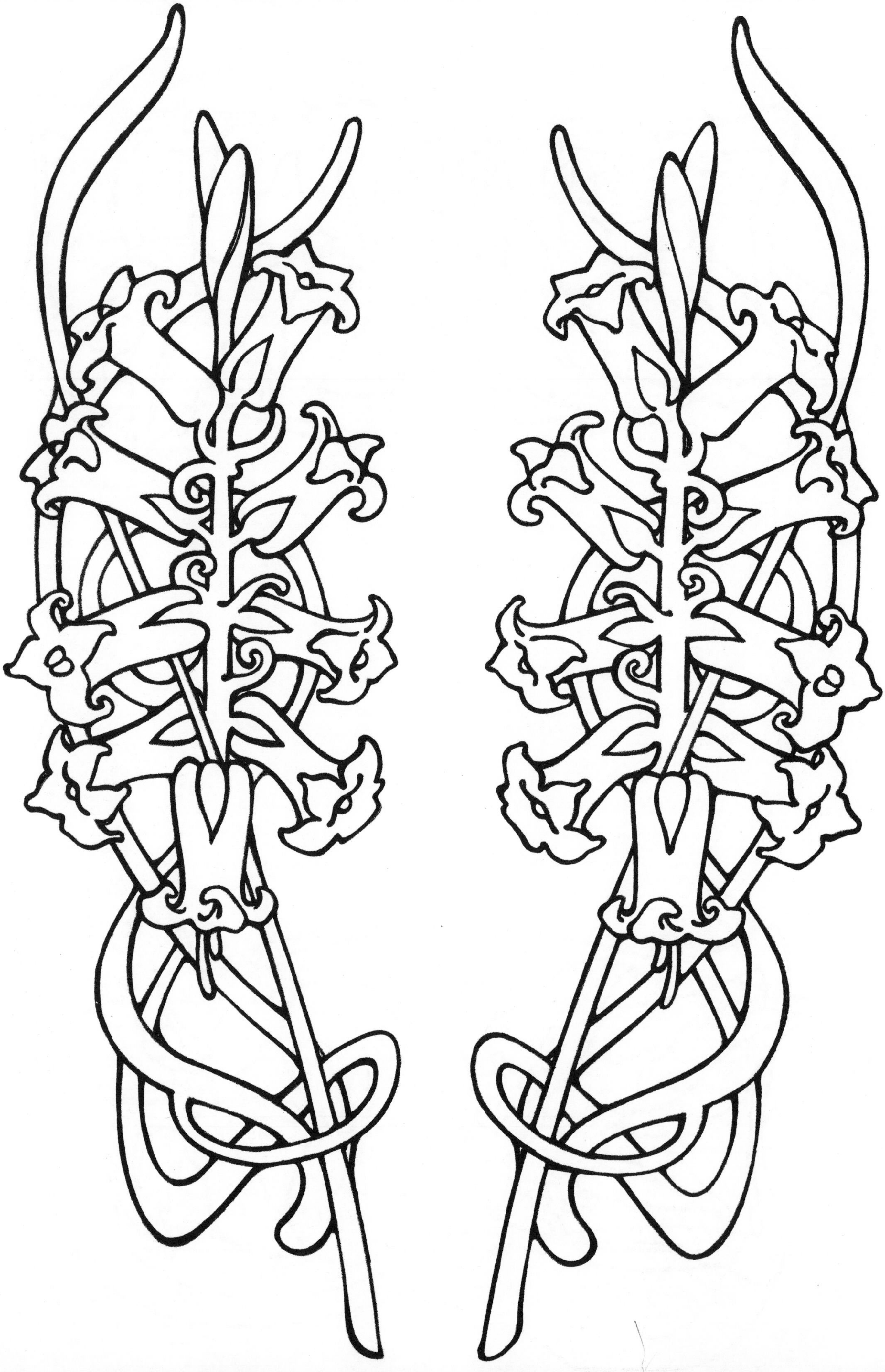

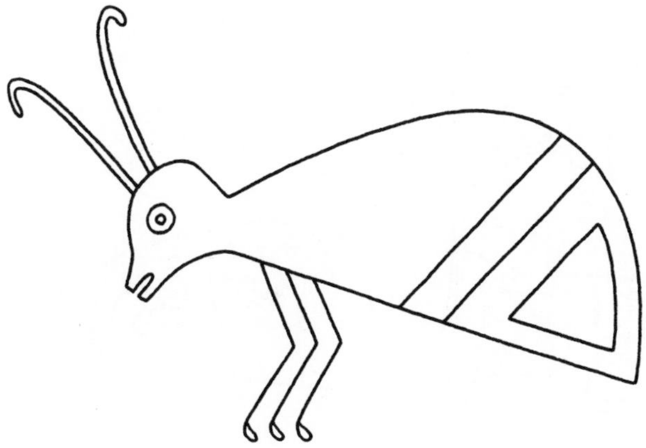

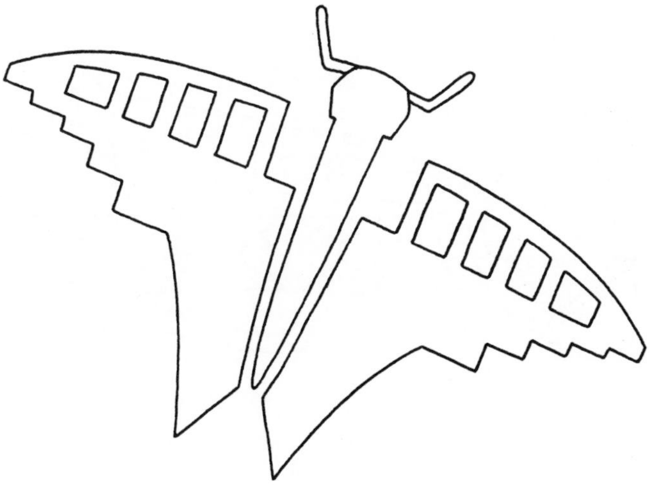

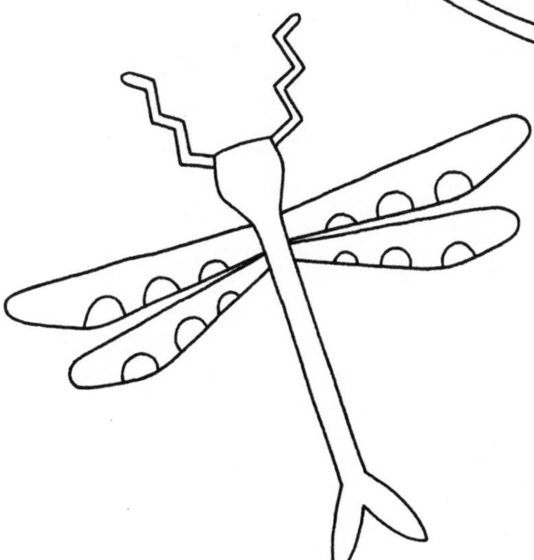

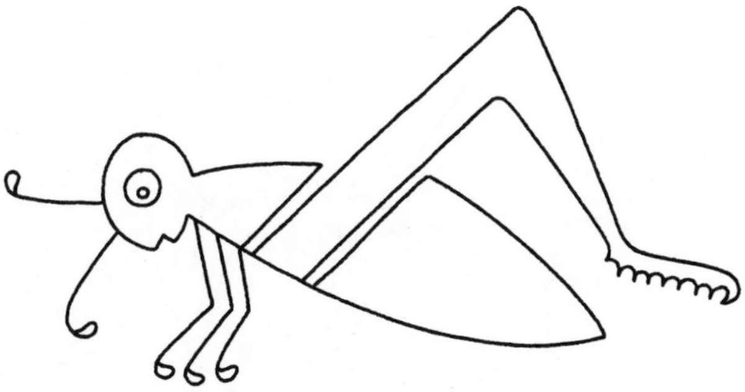

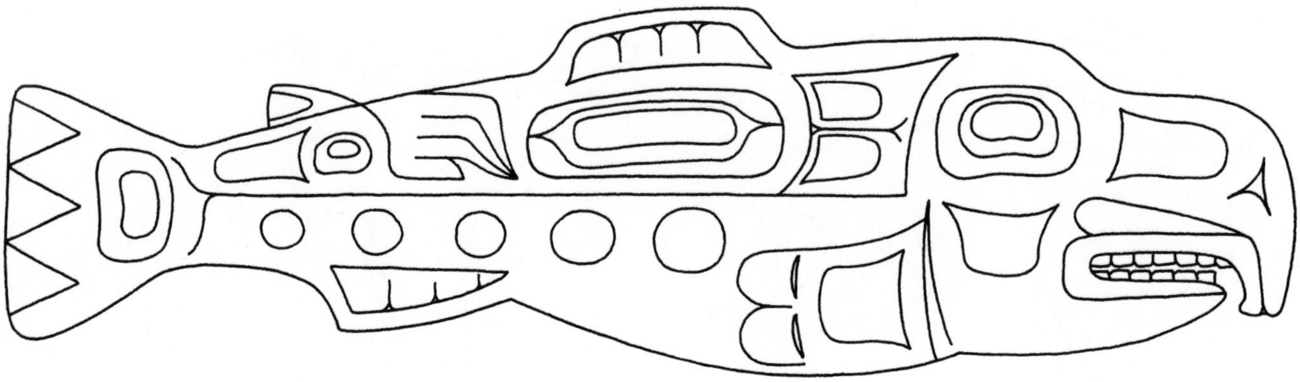

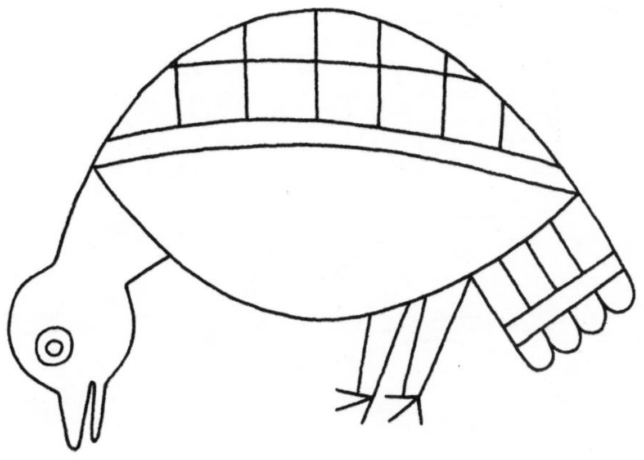

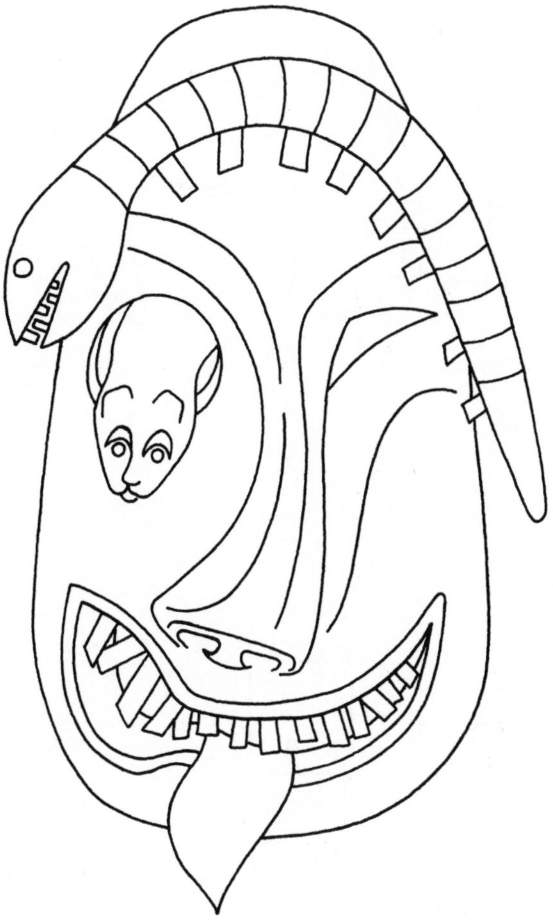
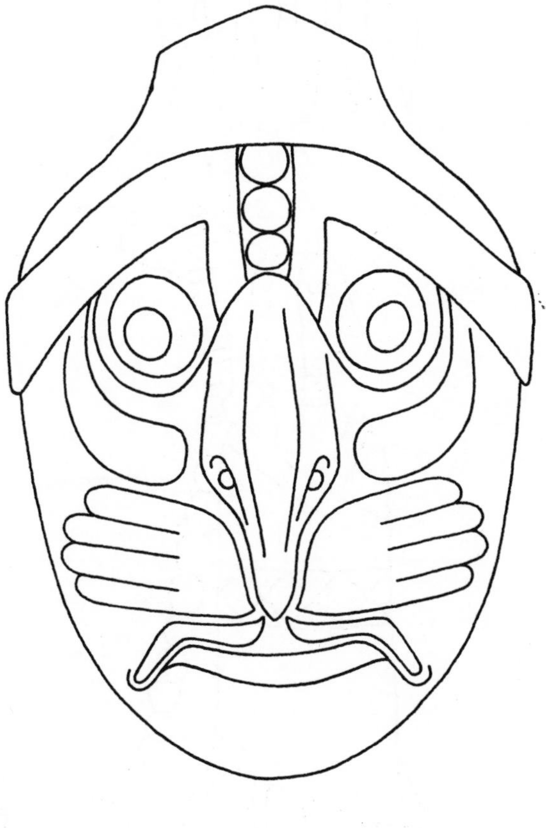
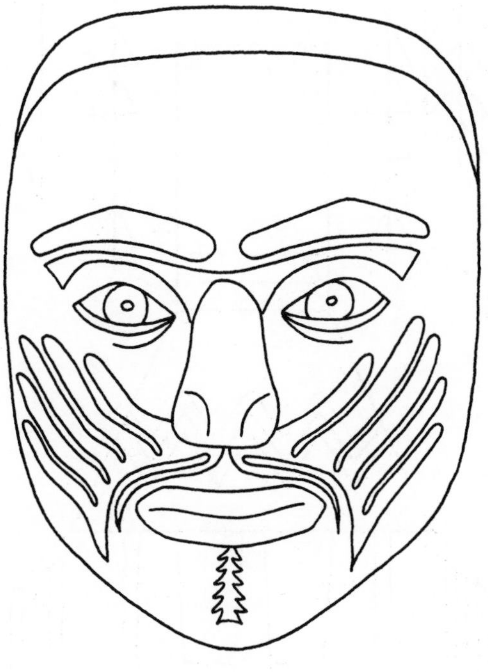

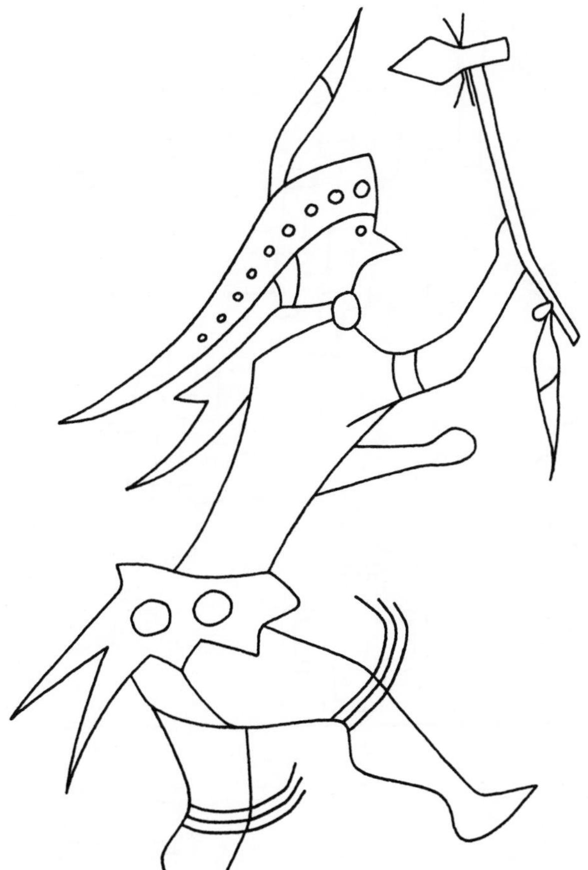

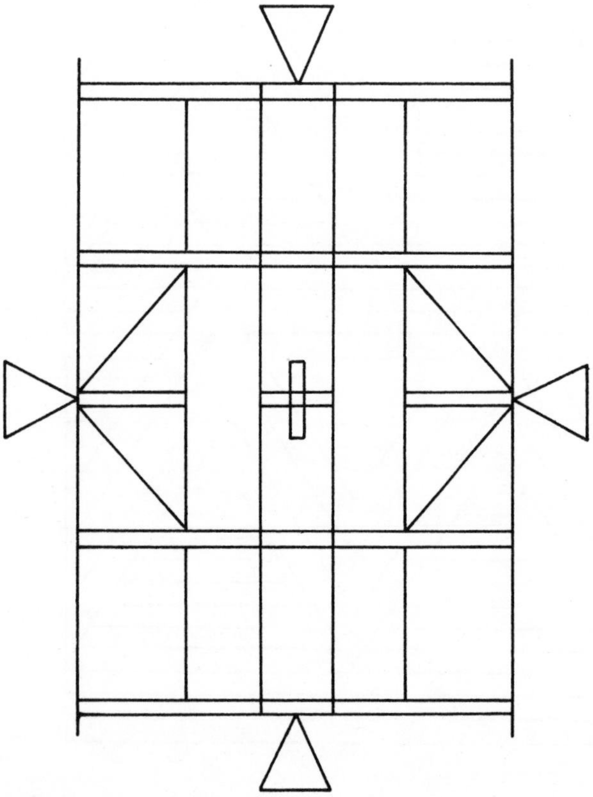

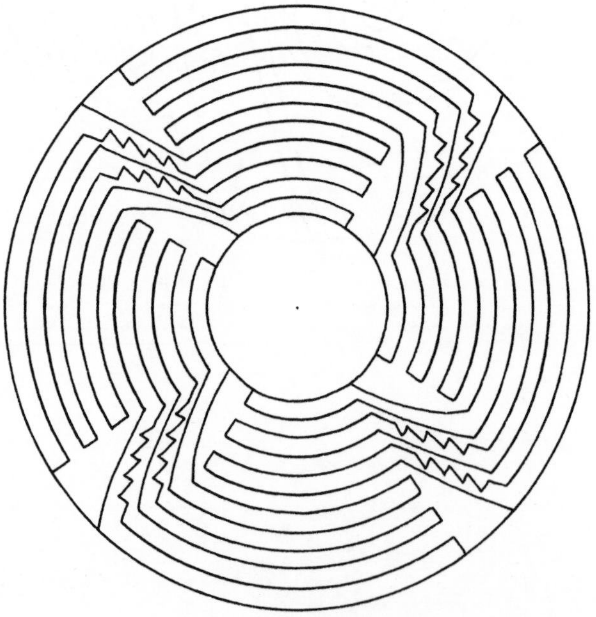

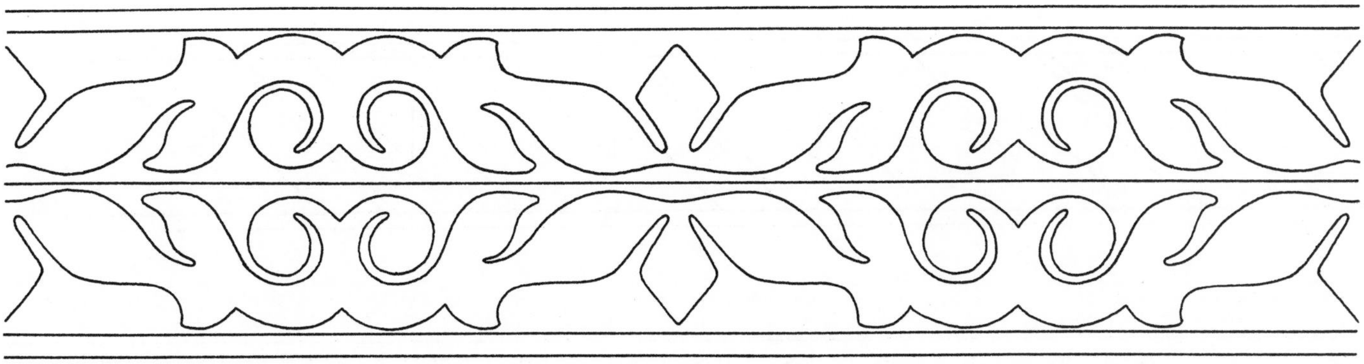

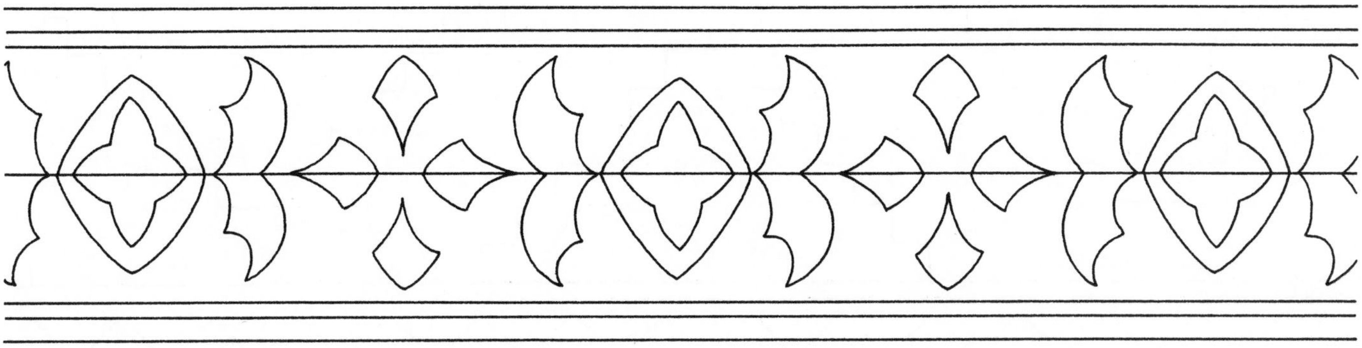

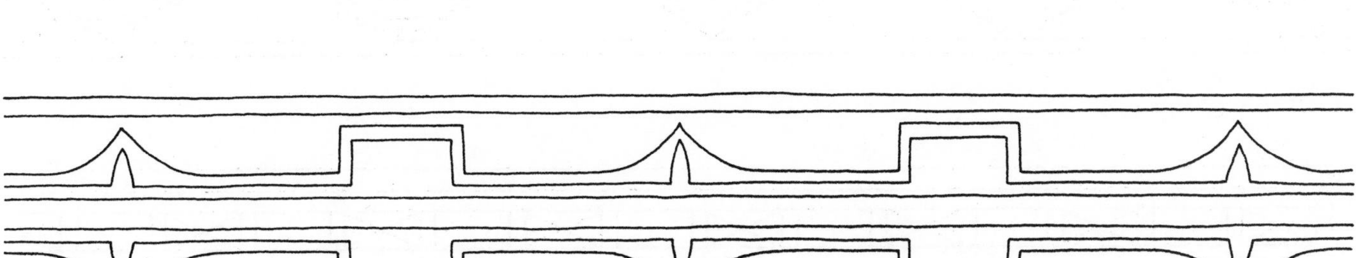

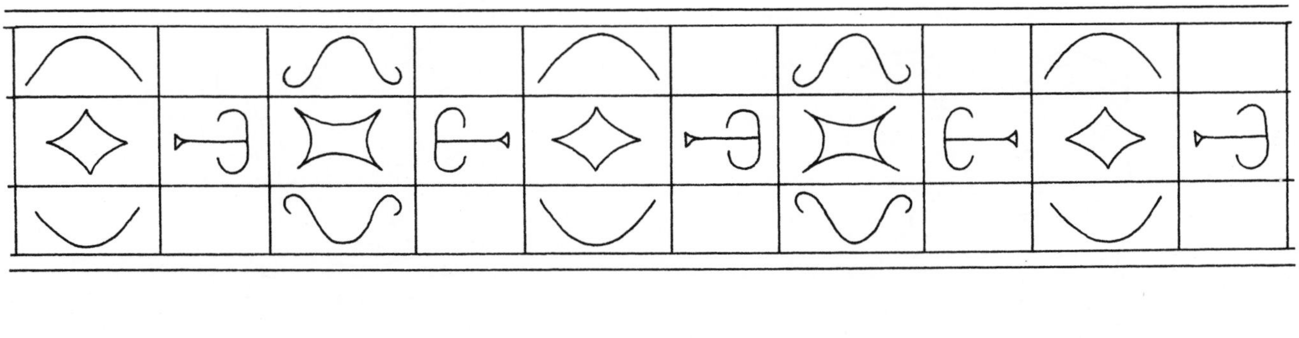

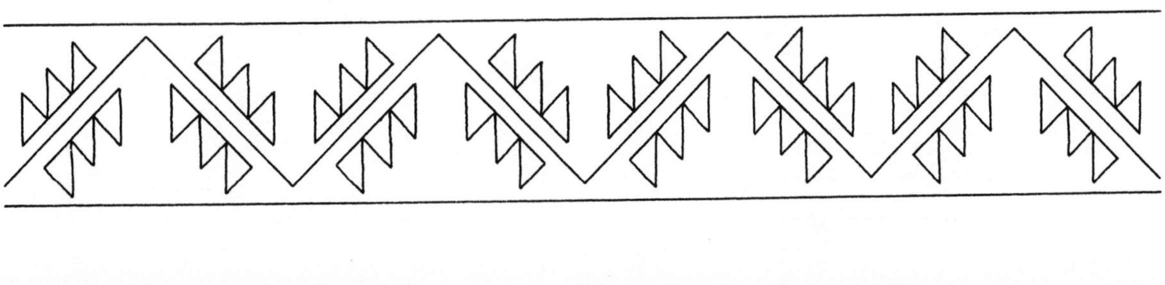

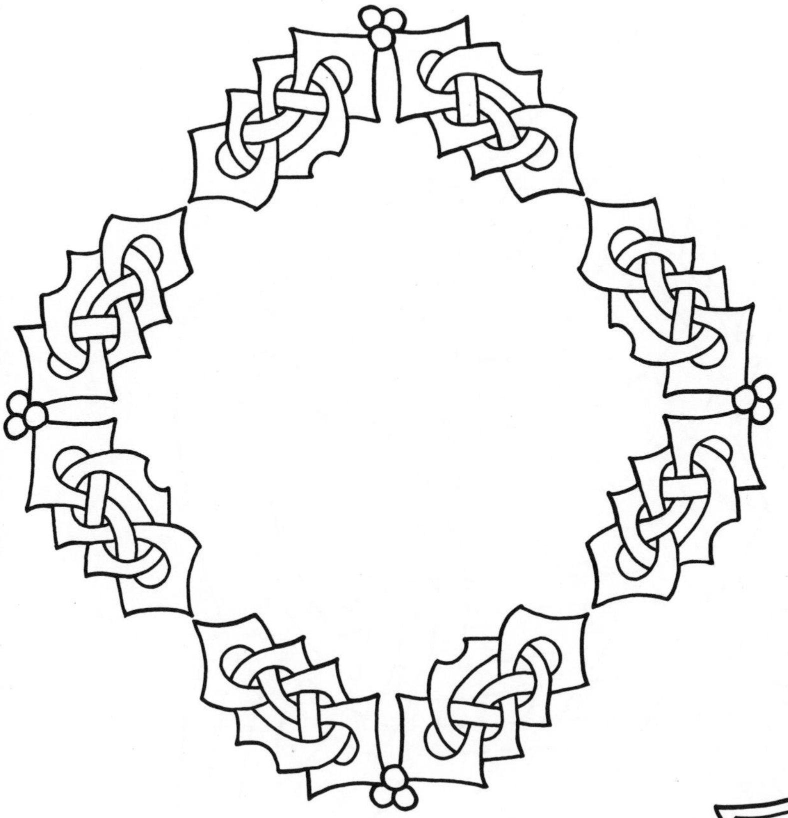

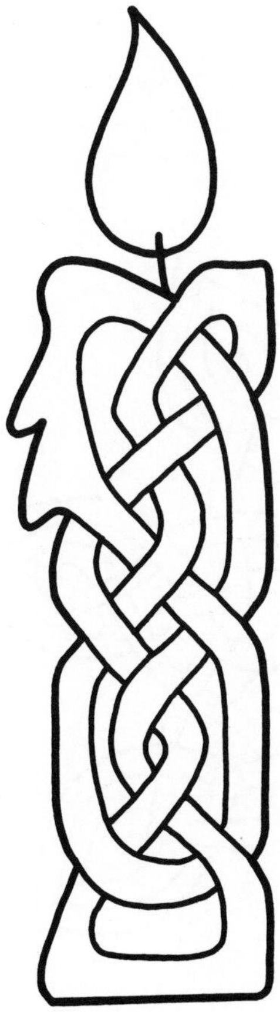

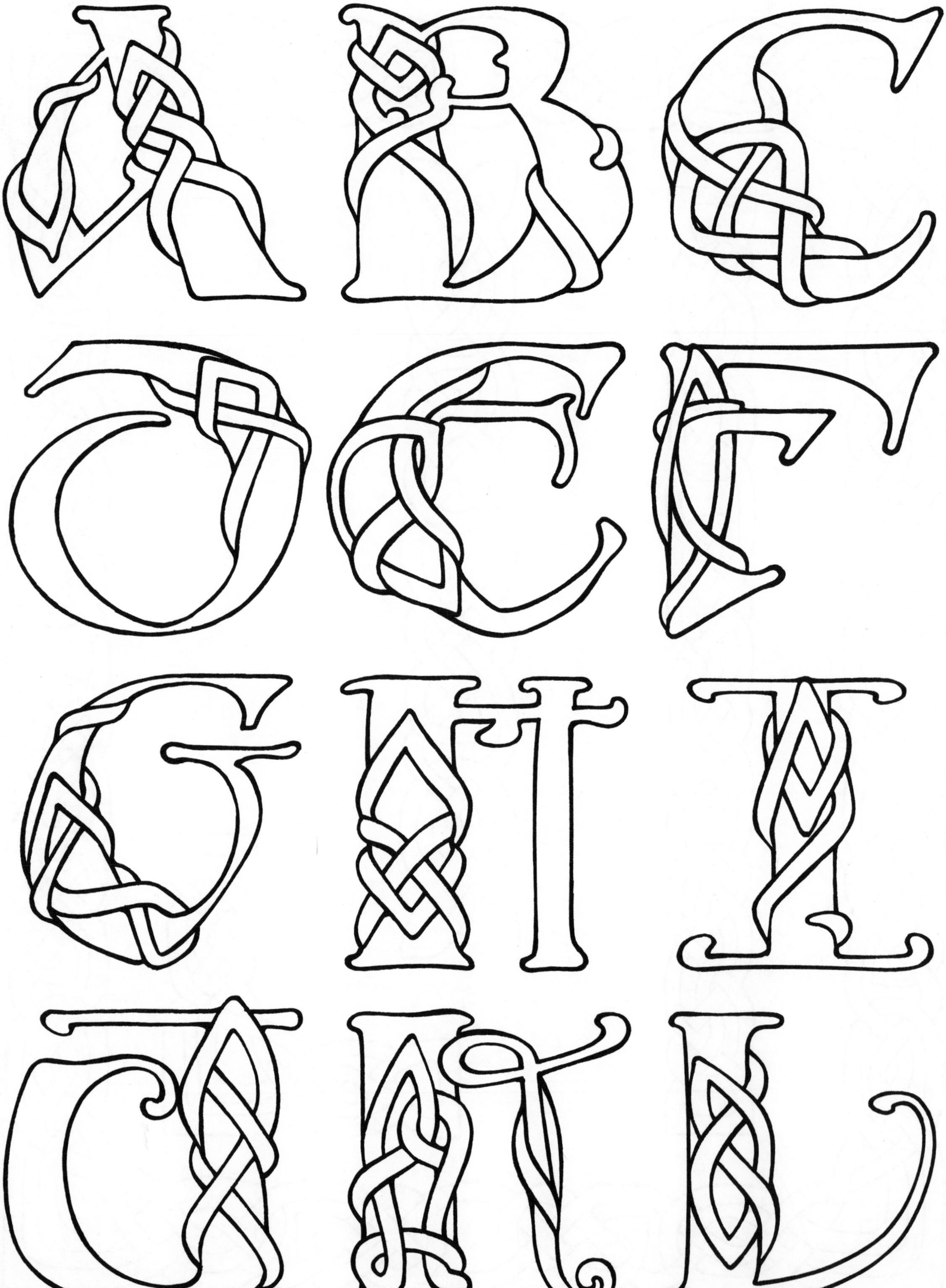

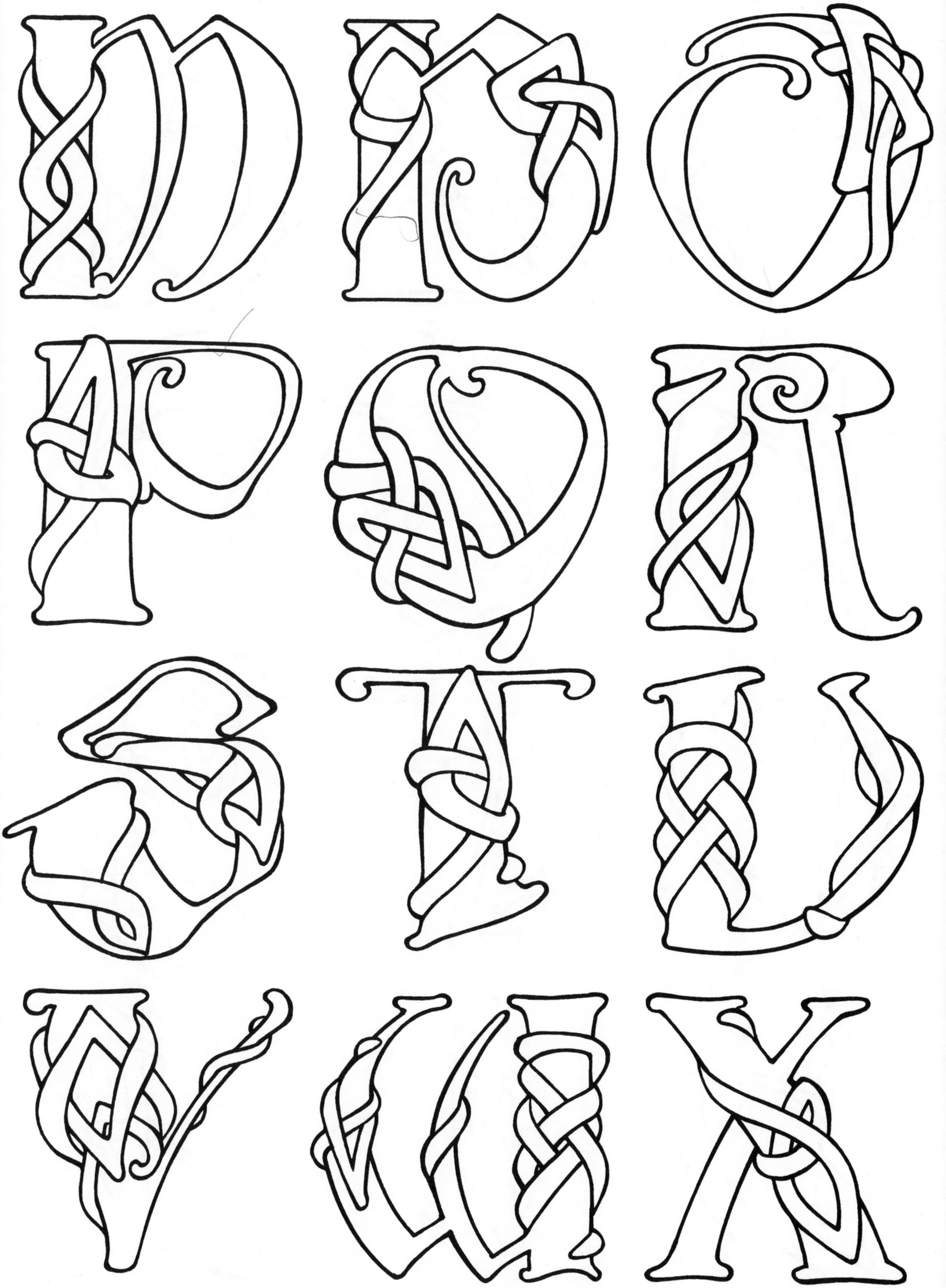
M N O
P Q R
S T U
V W X

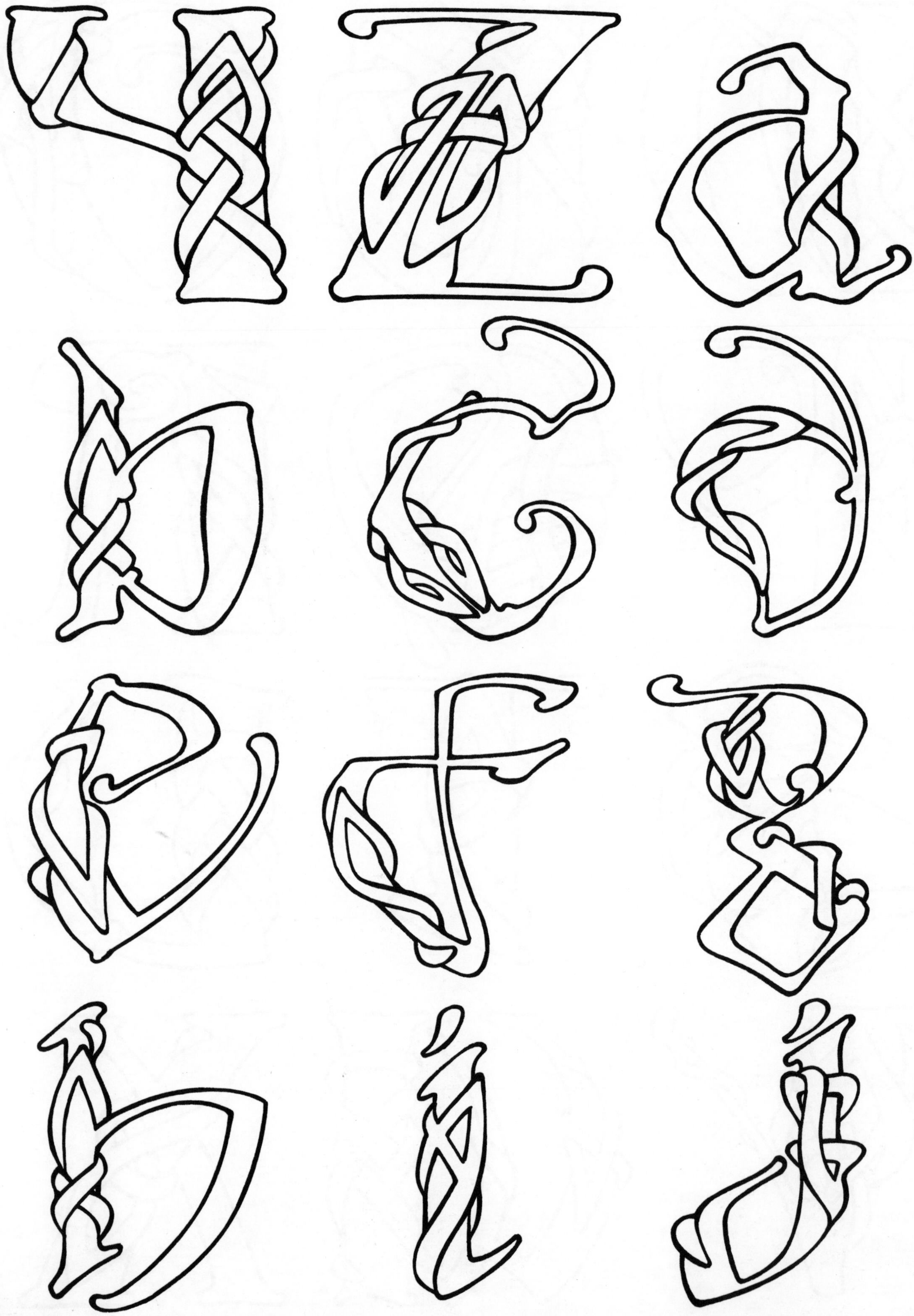

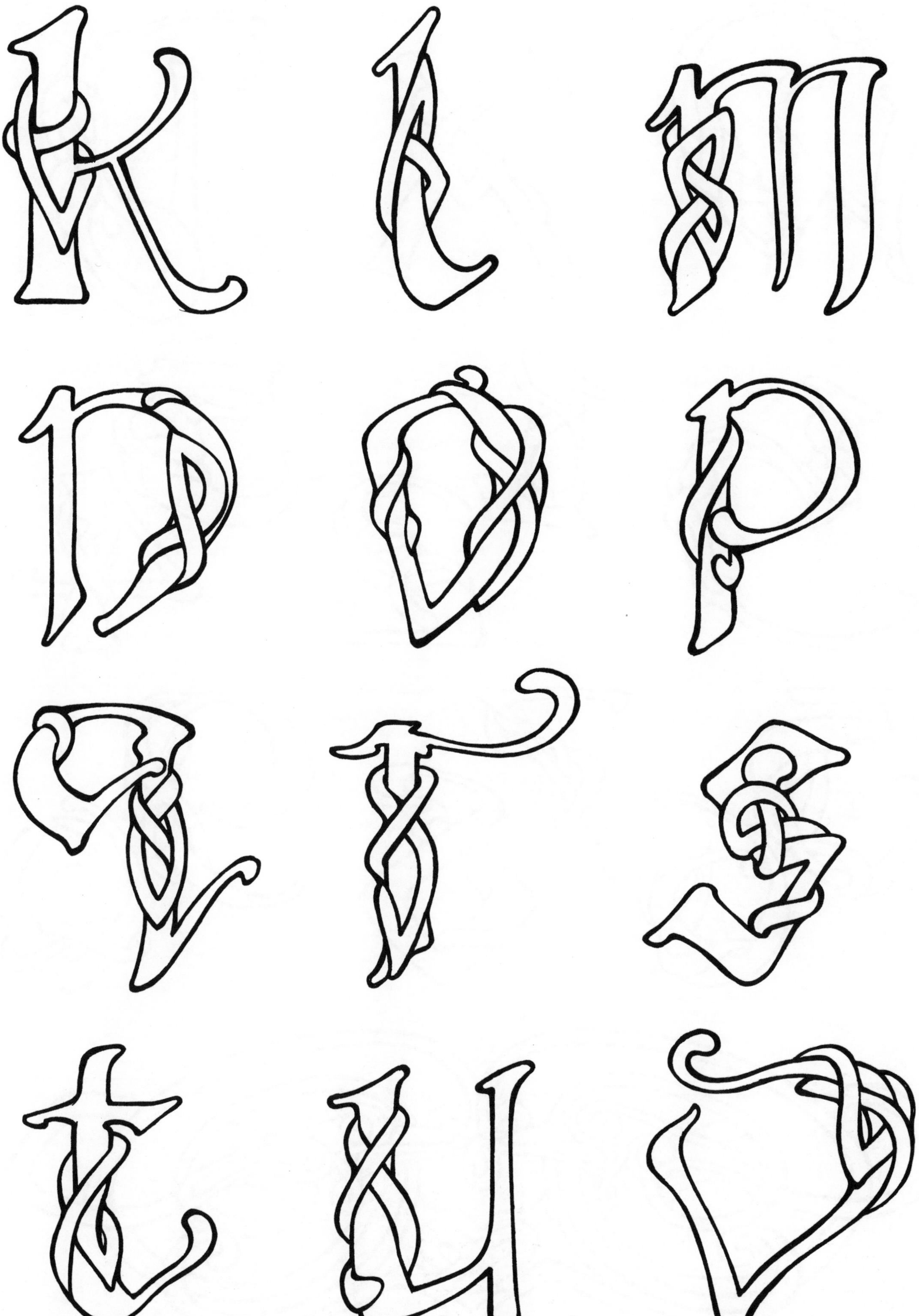
k l m
n o p
q r s
t u v

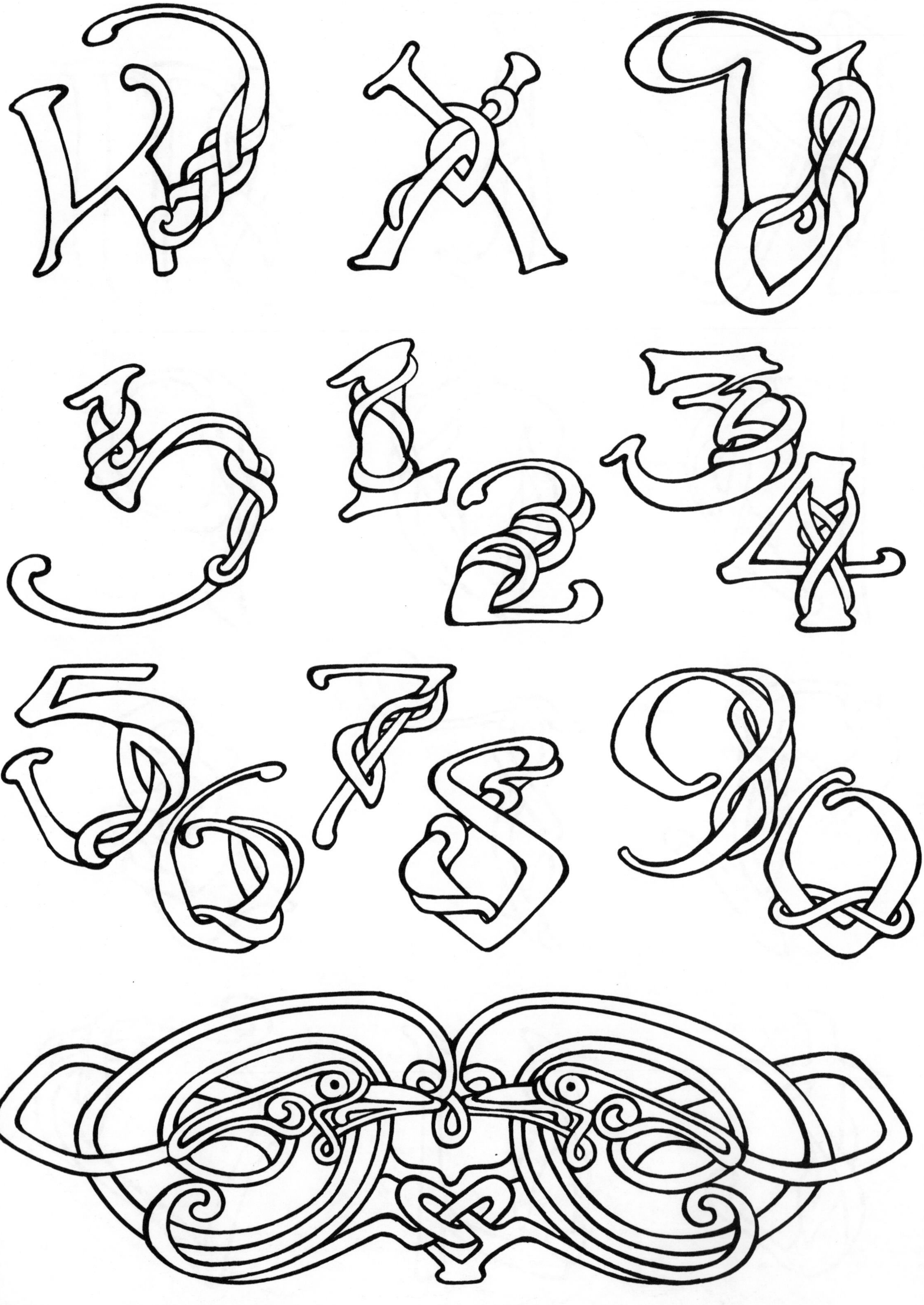
W X Y
1 2 3 4
5 6 7 8 9 0

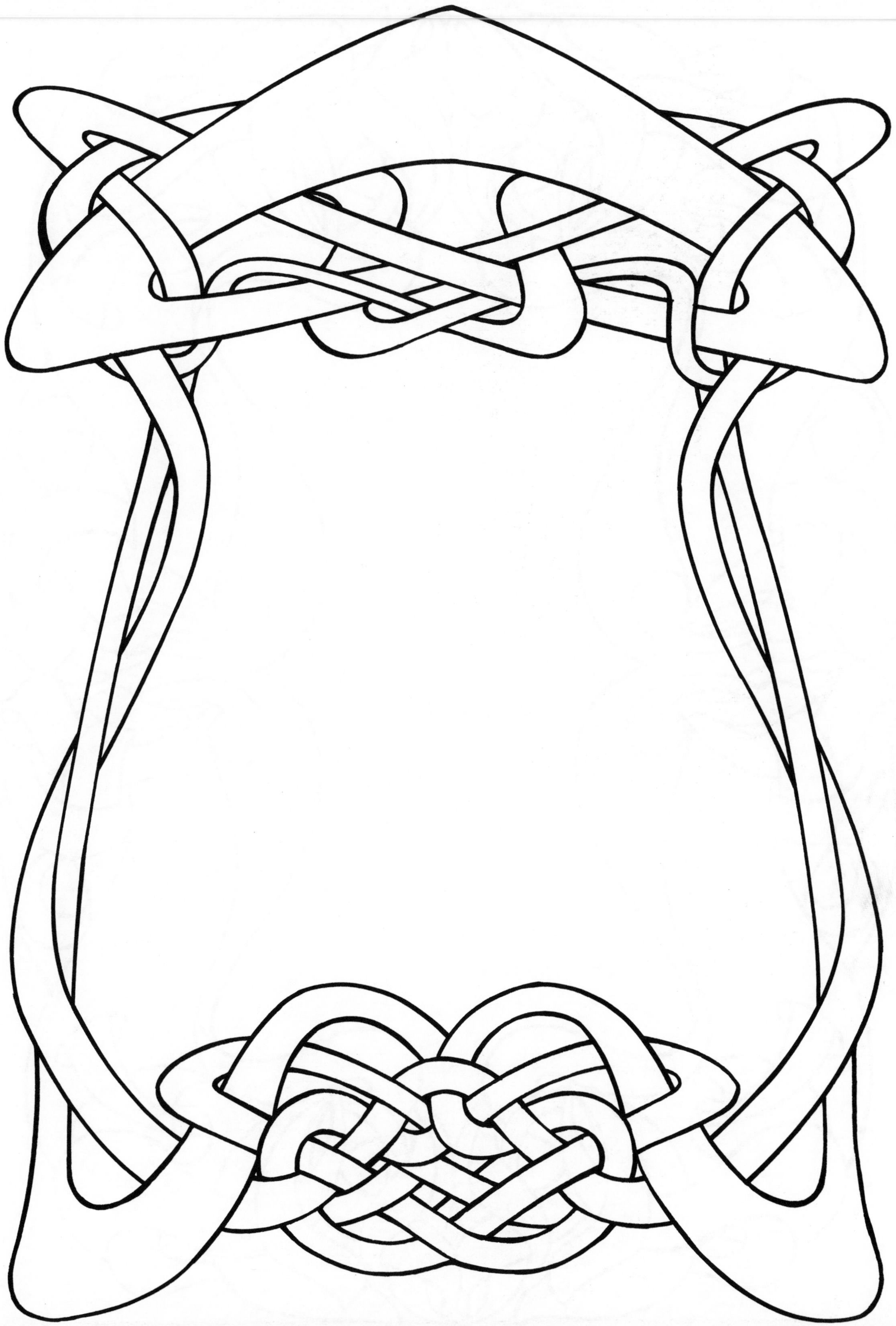

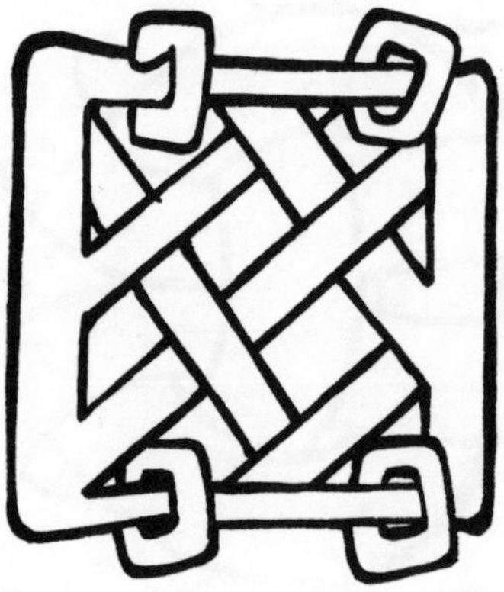

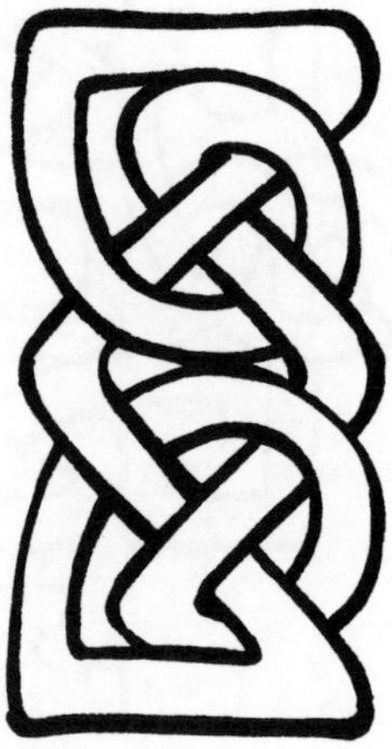

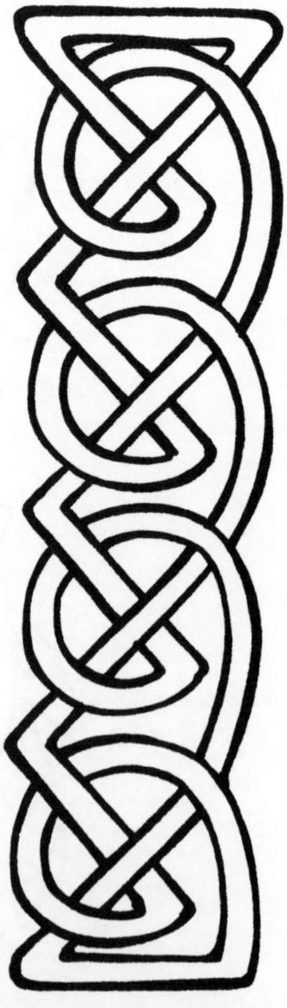

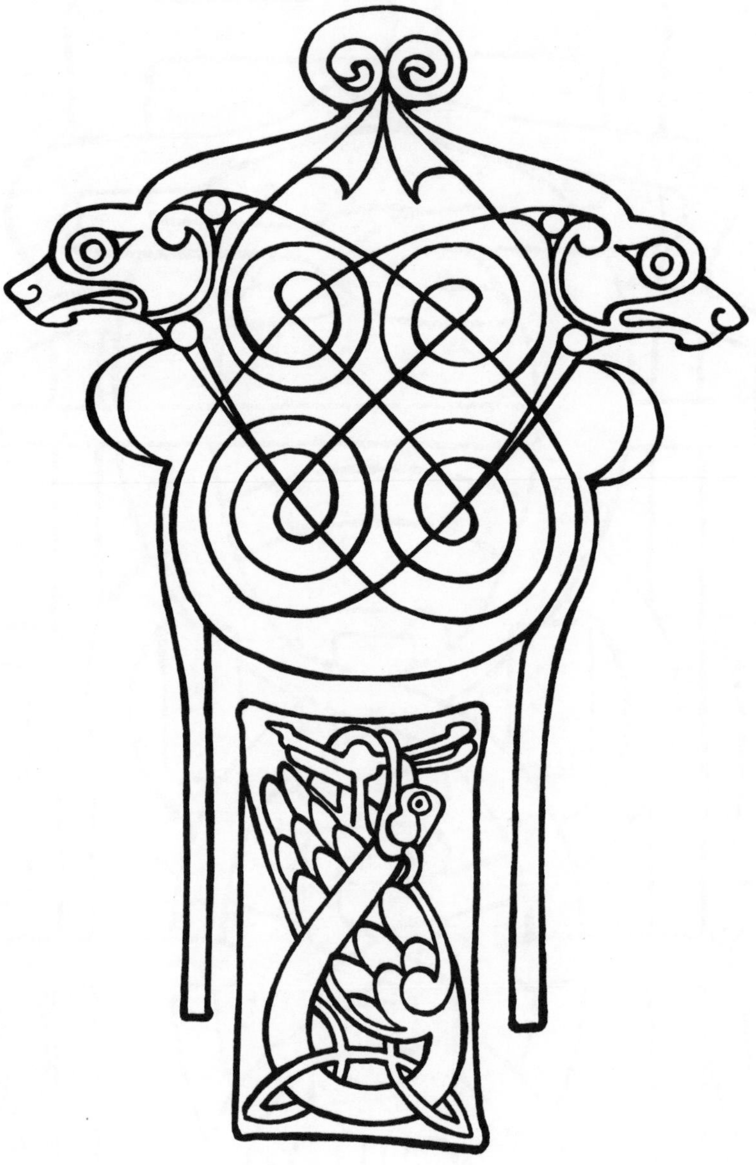

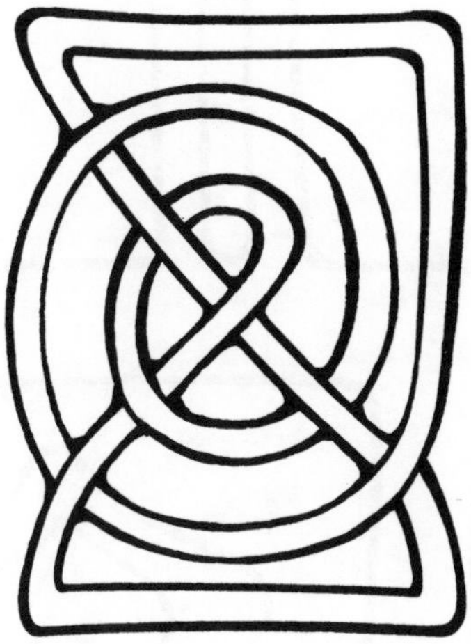

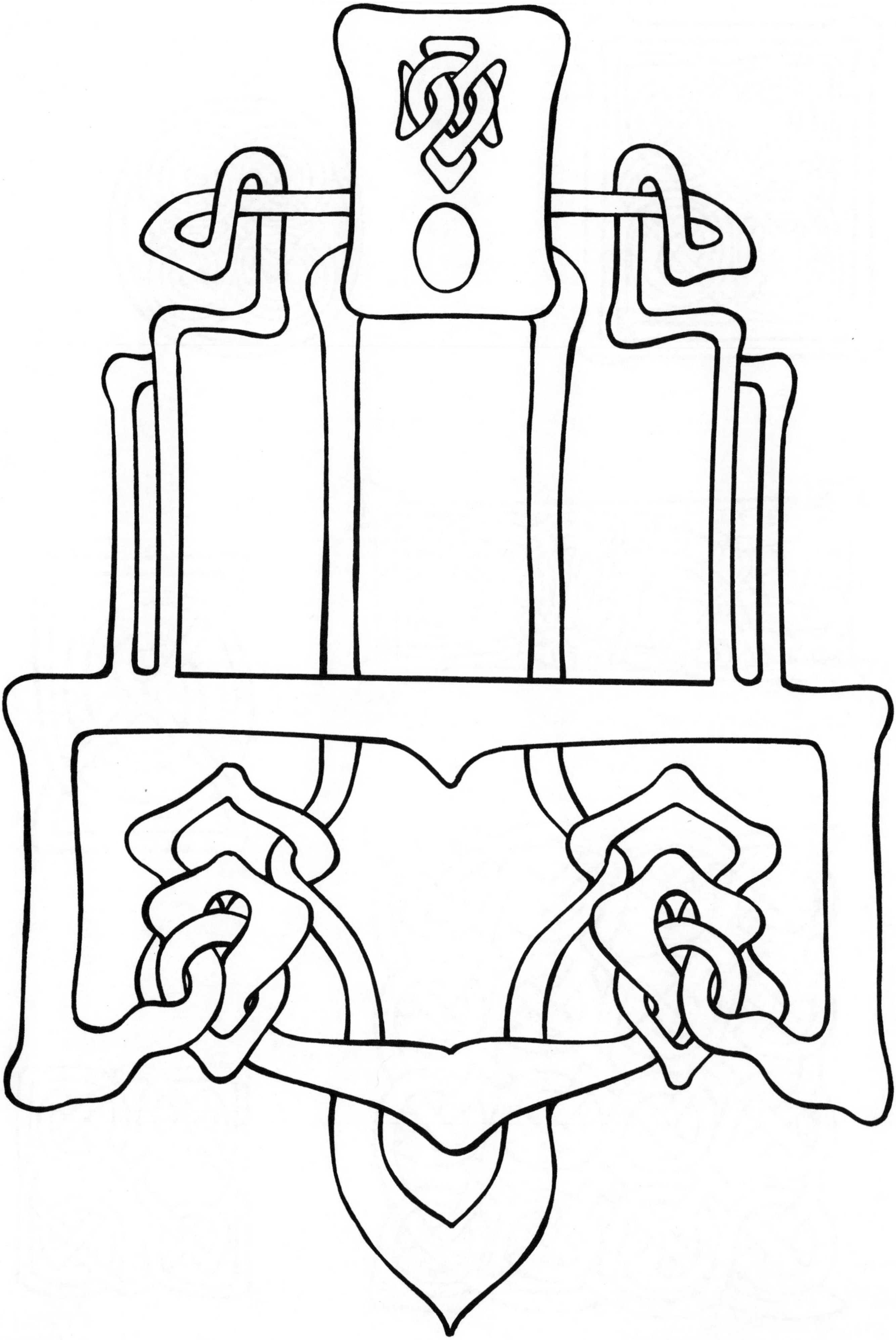

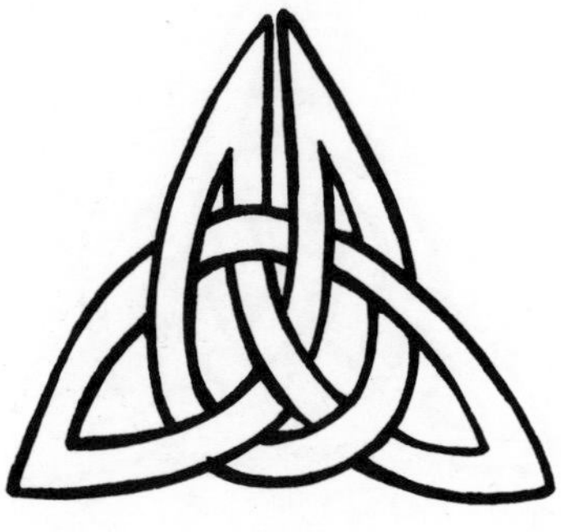

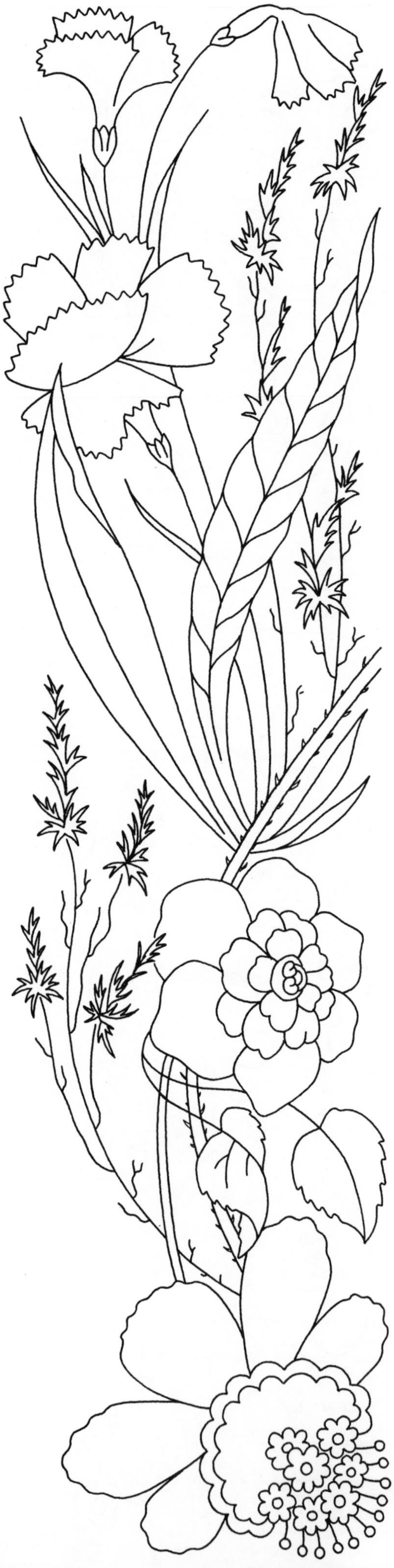

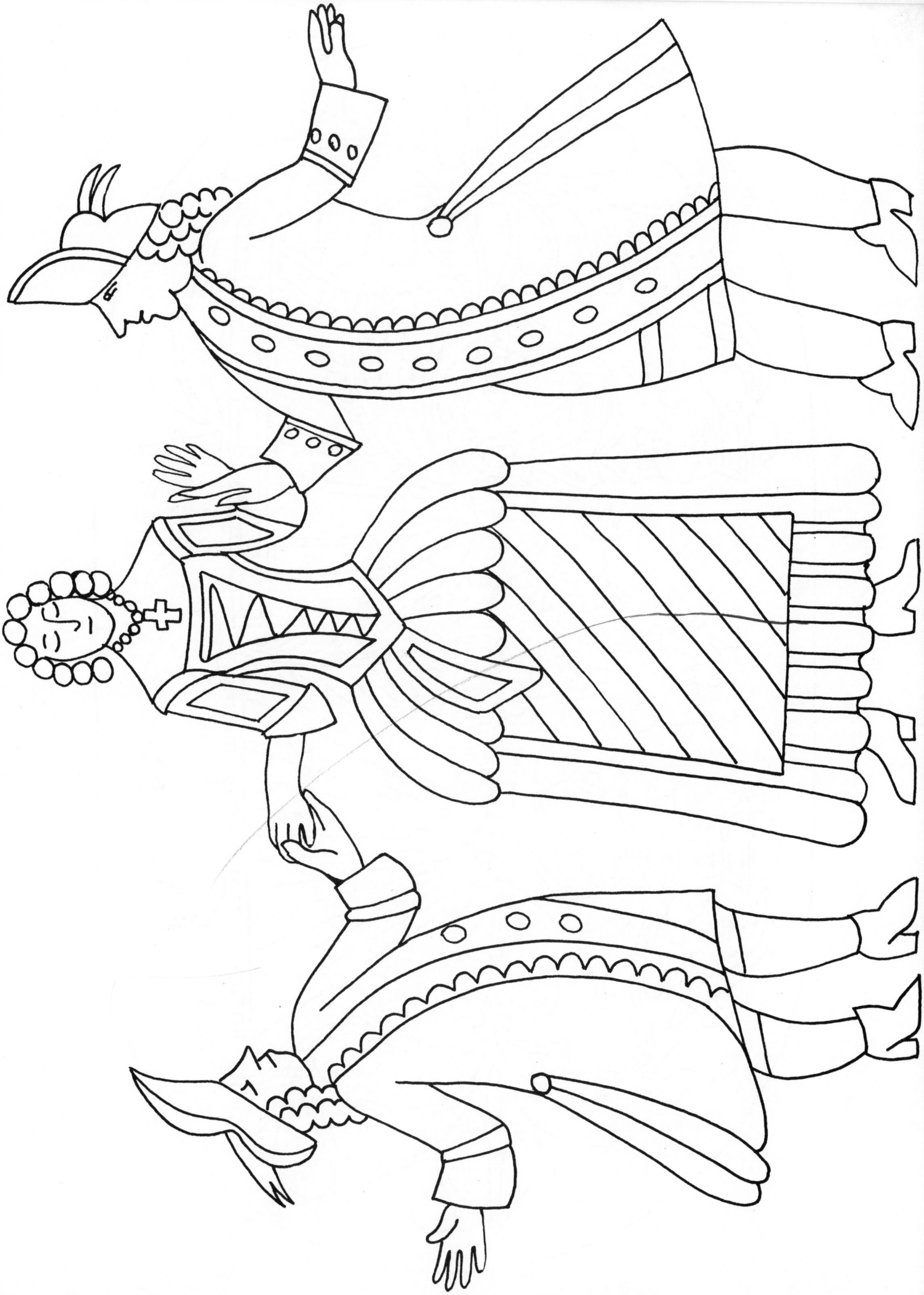

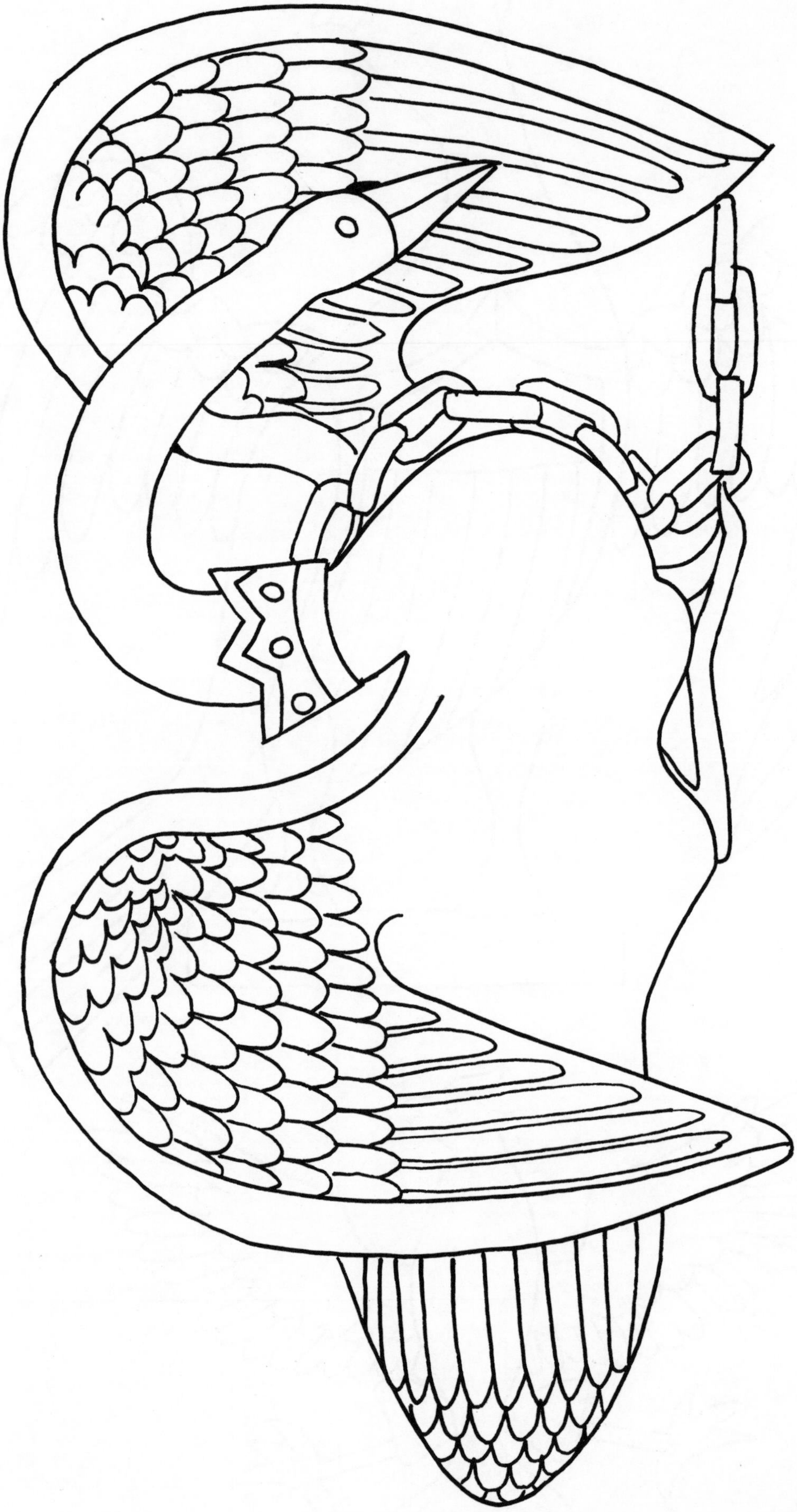

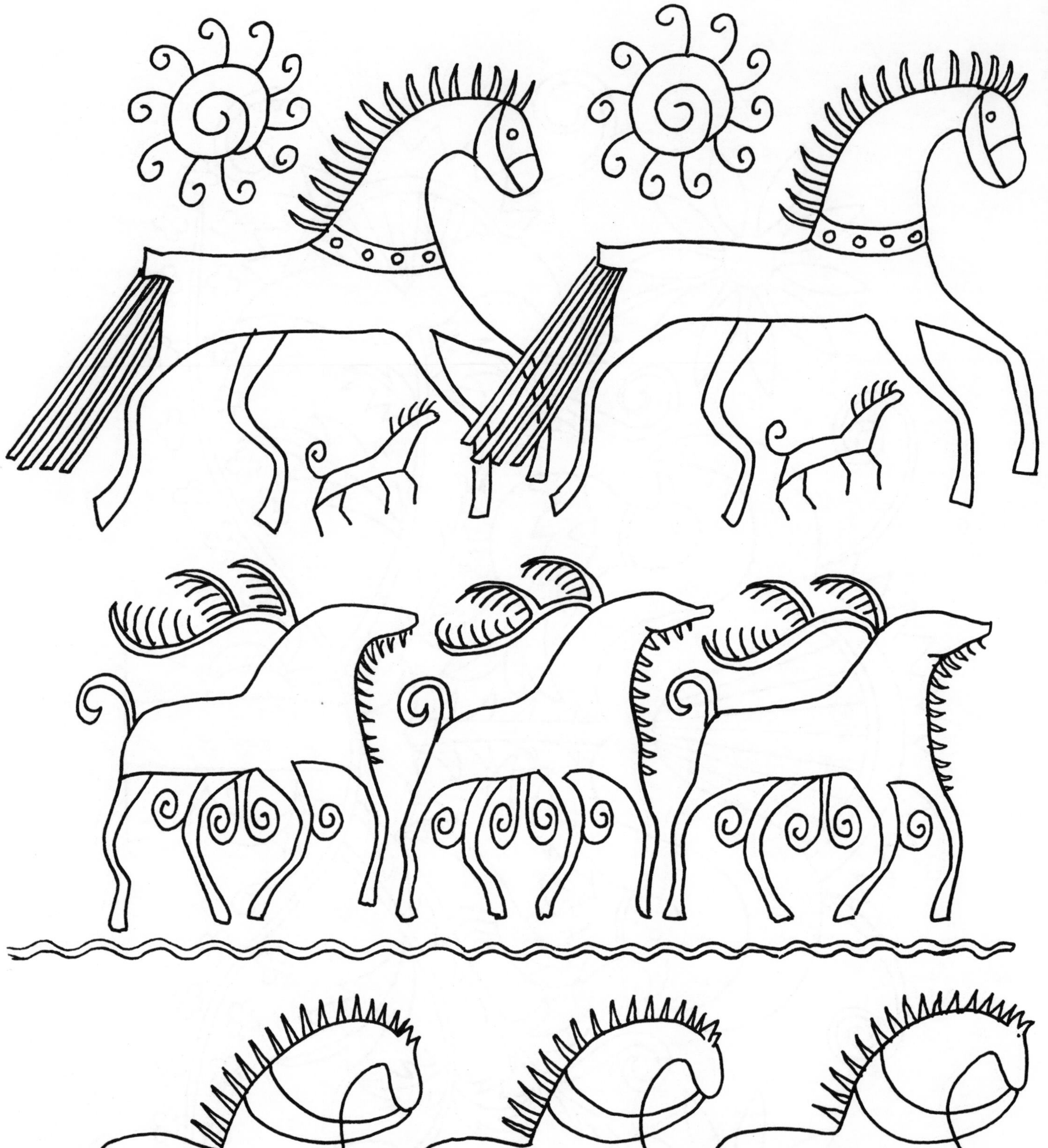

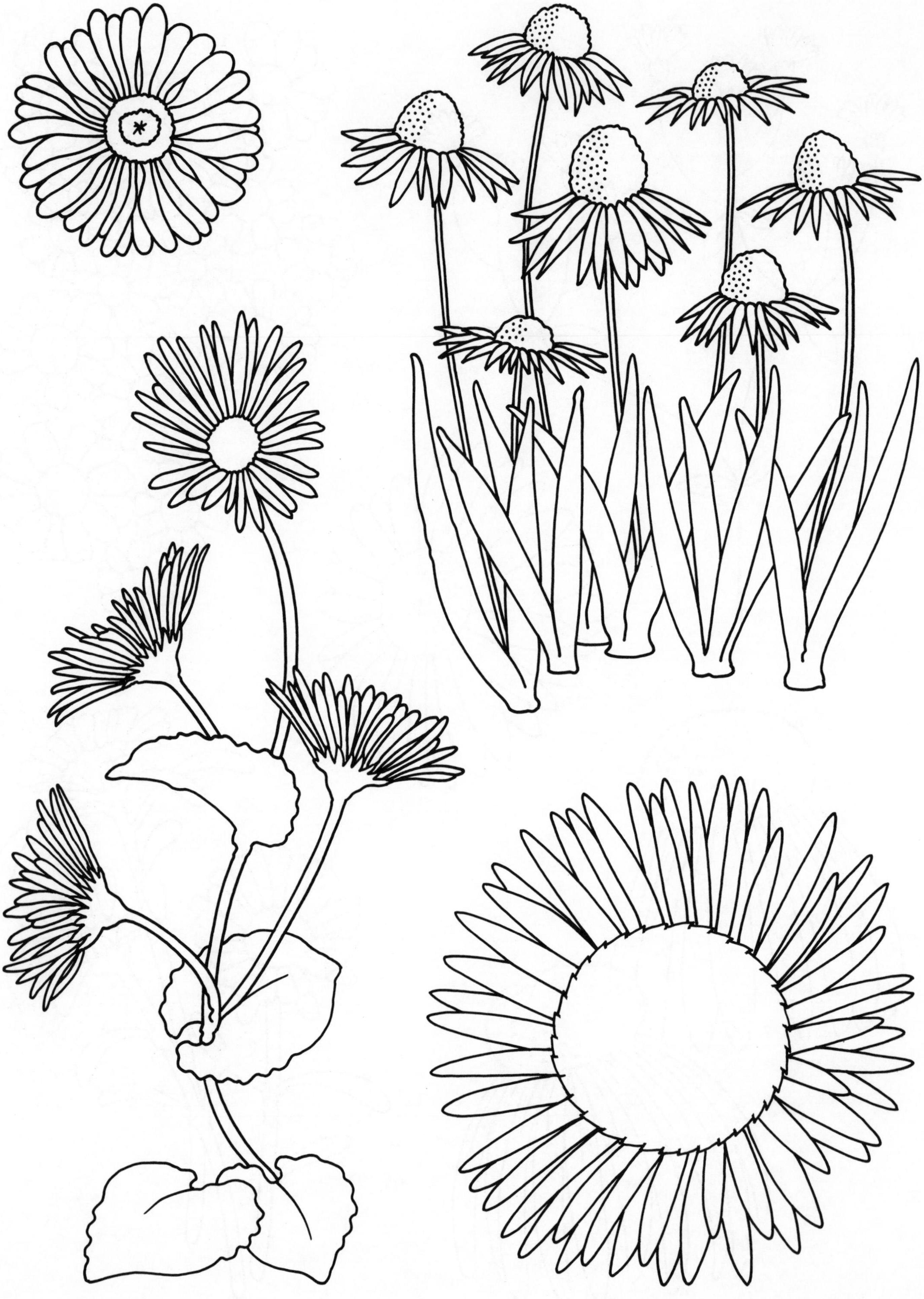

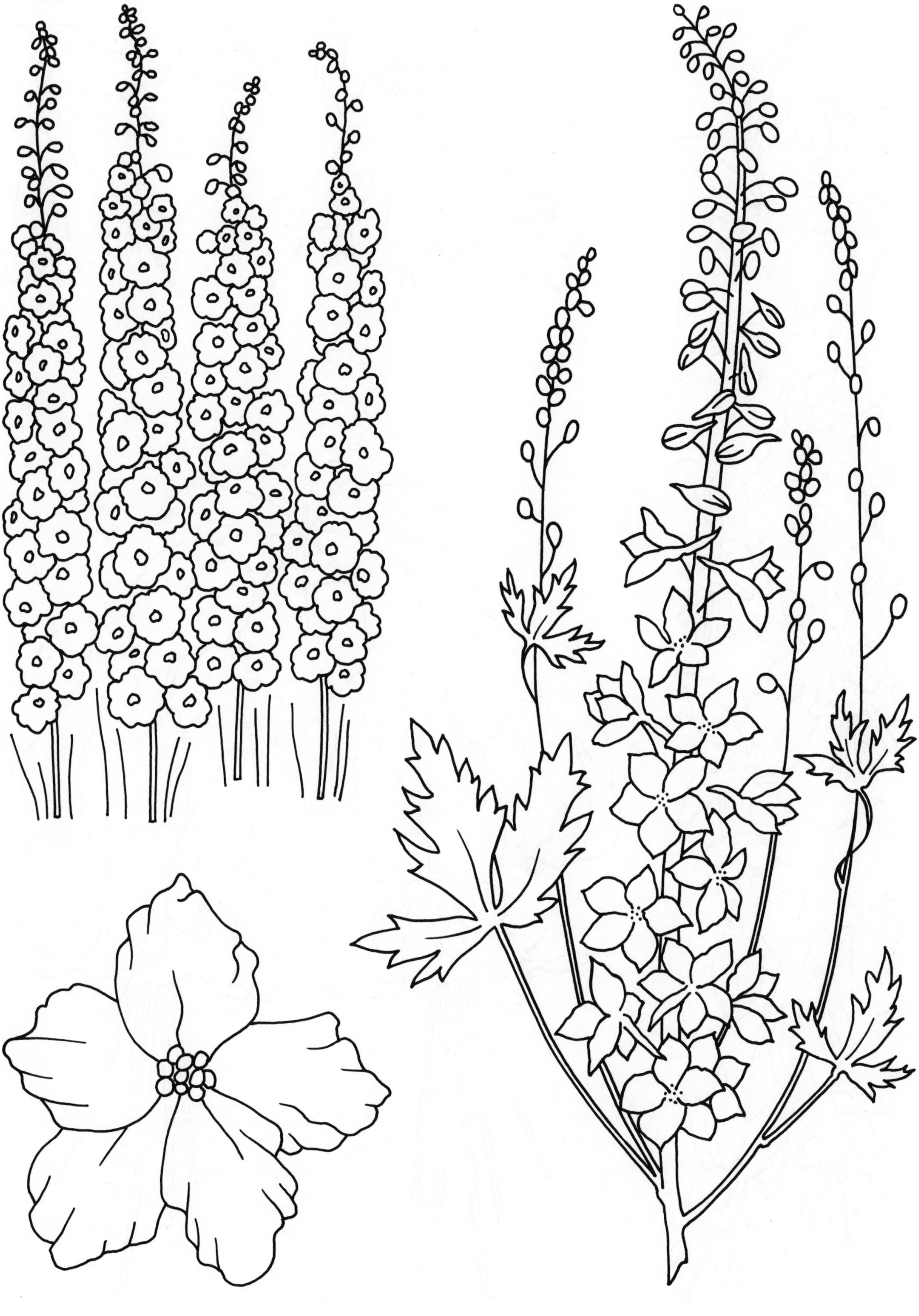

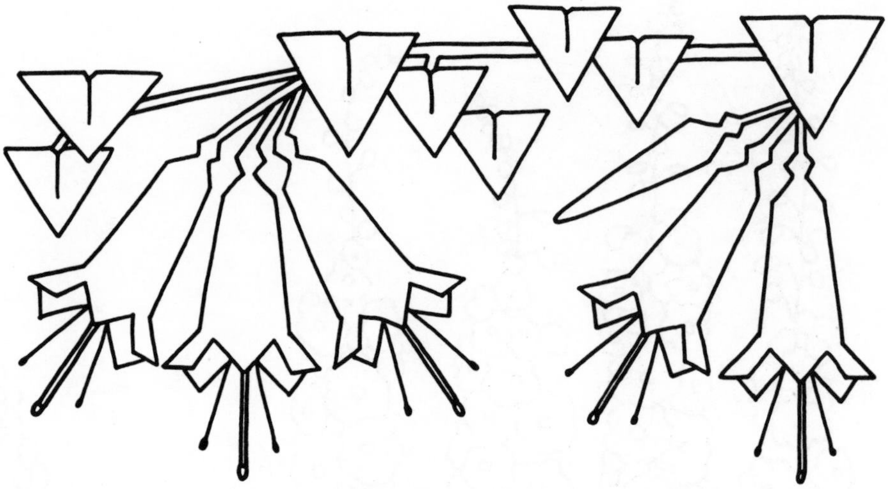

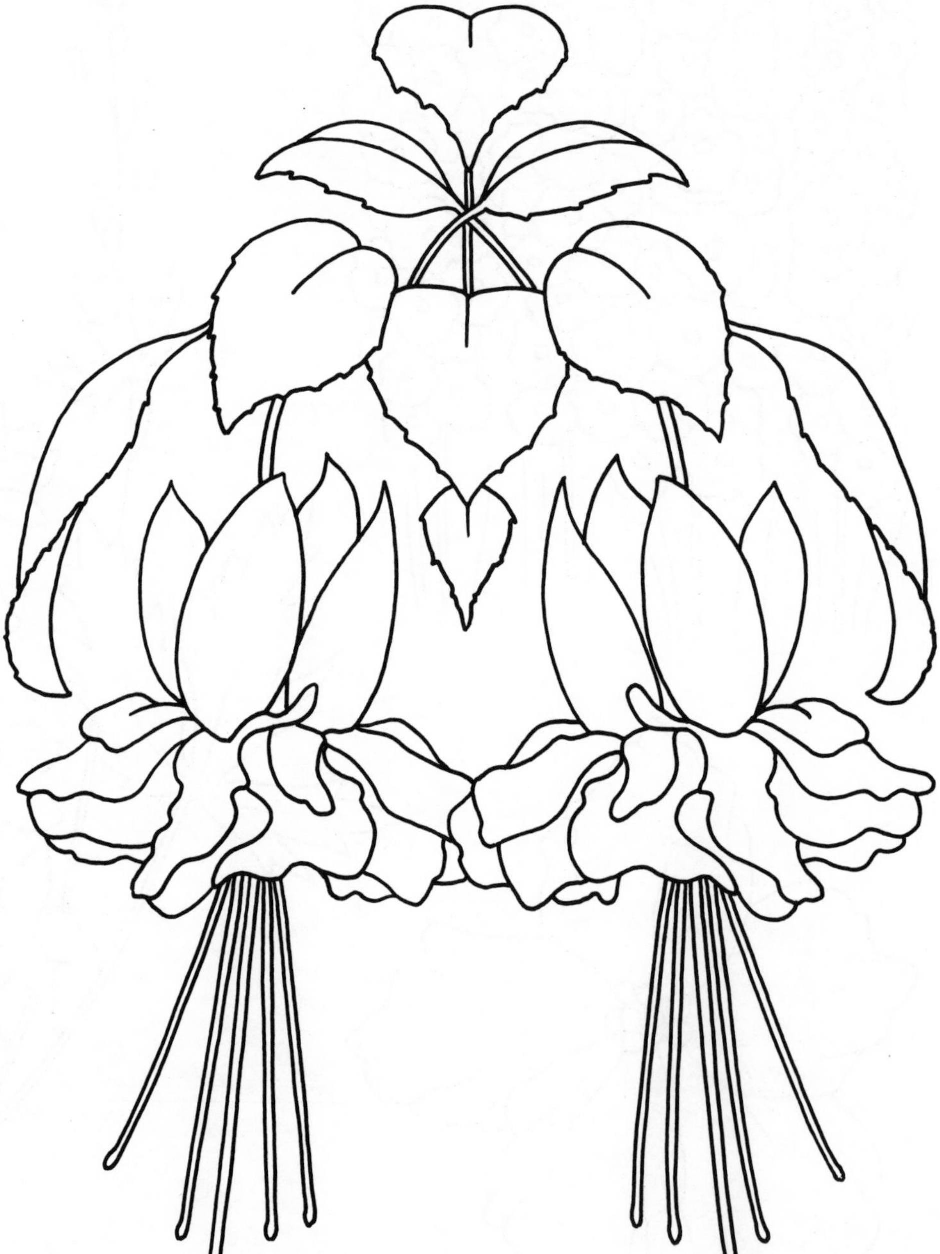

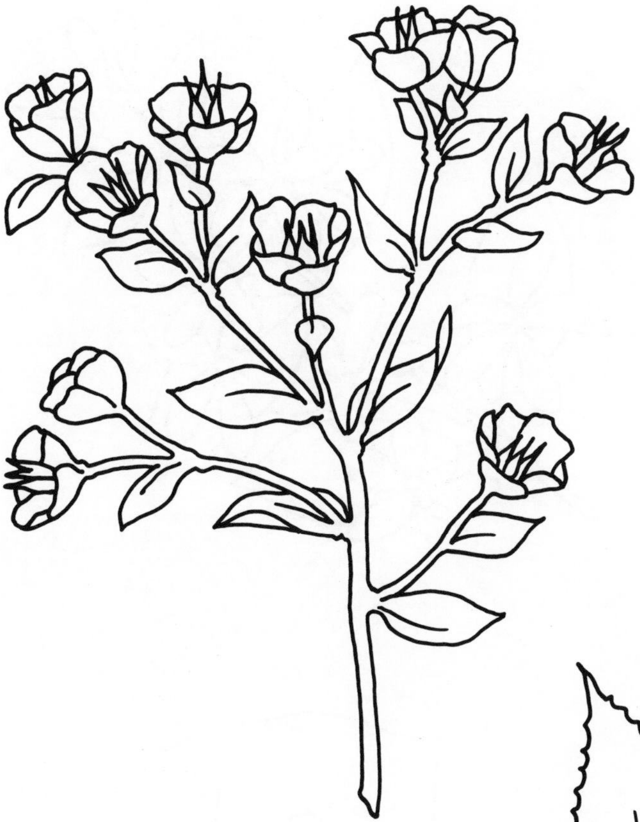

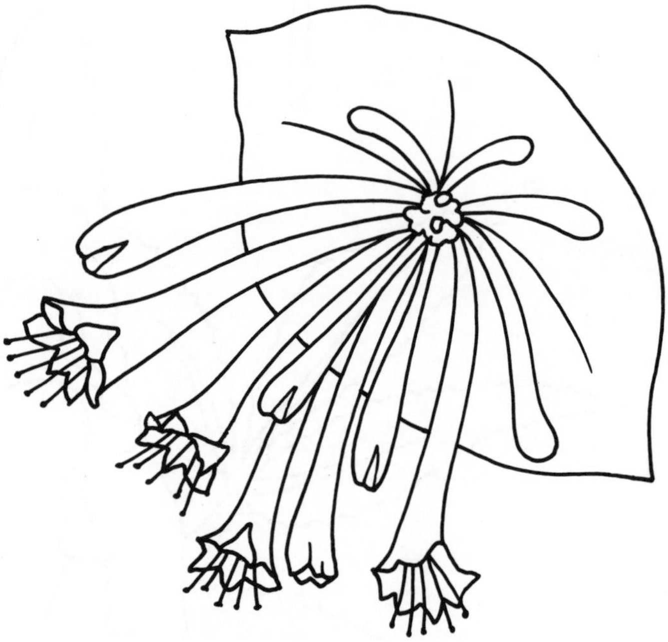

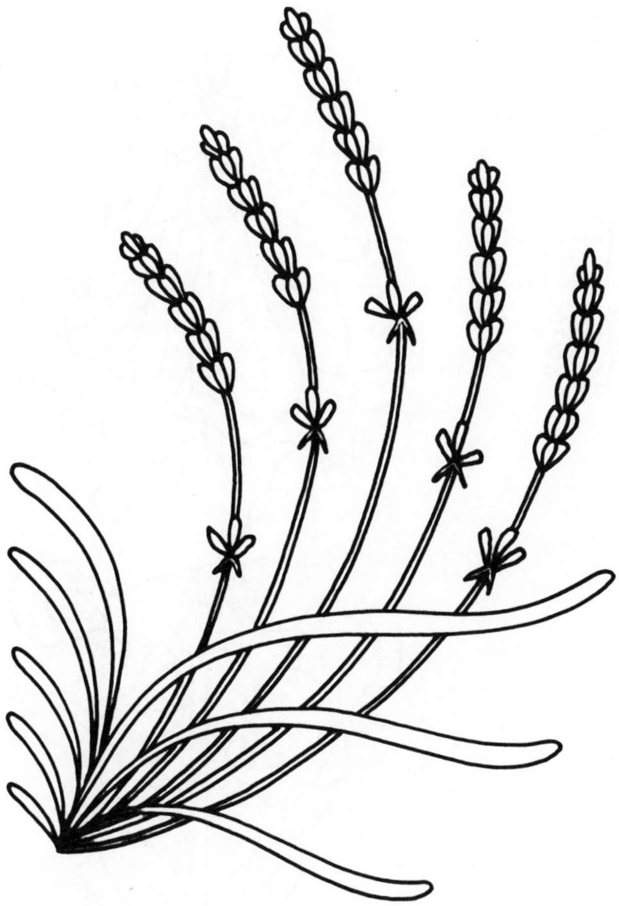
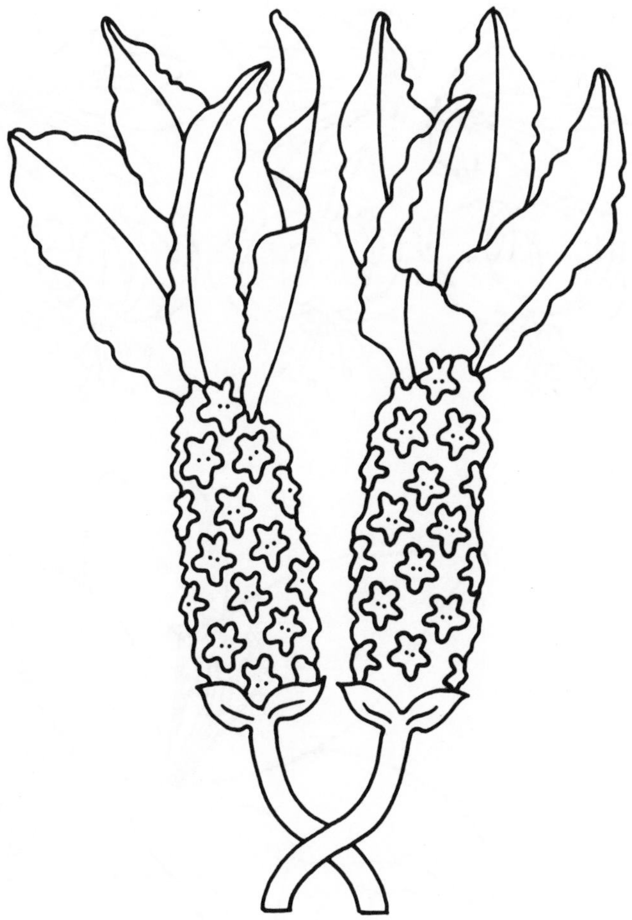
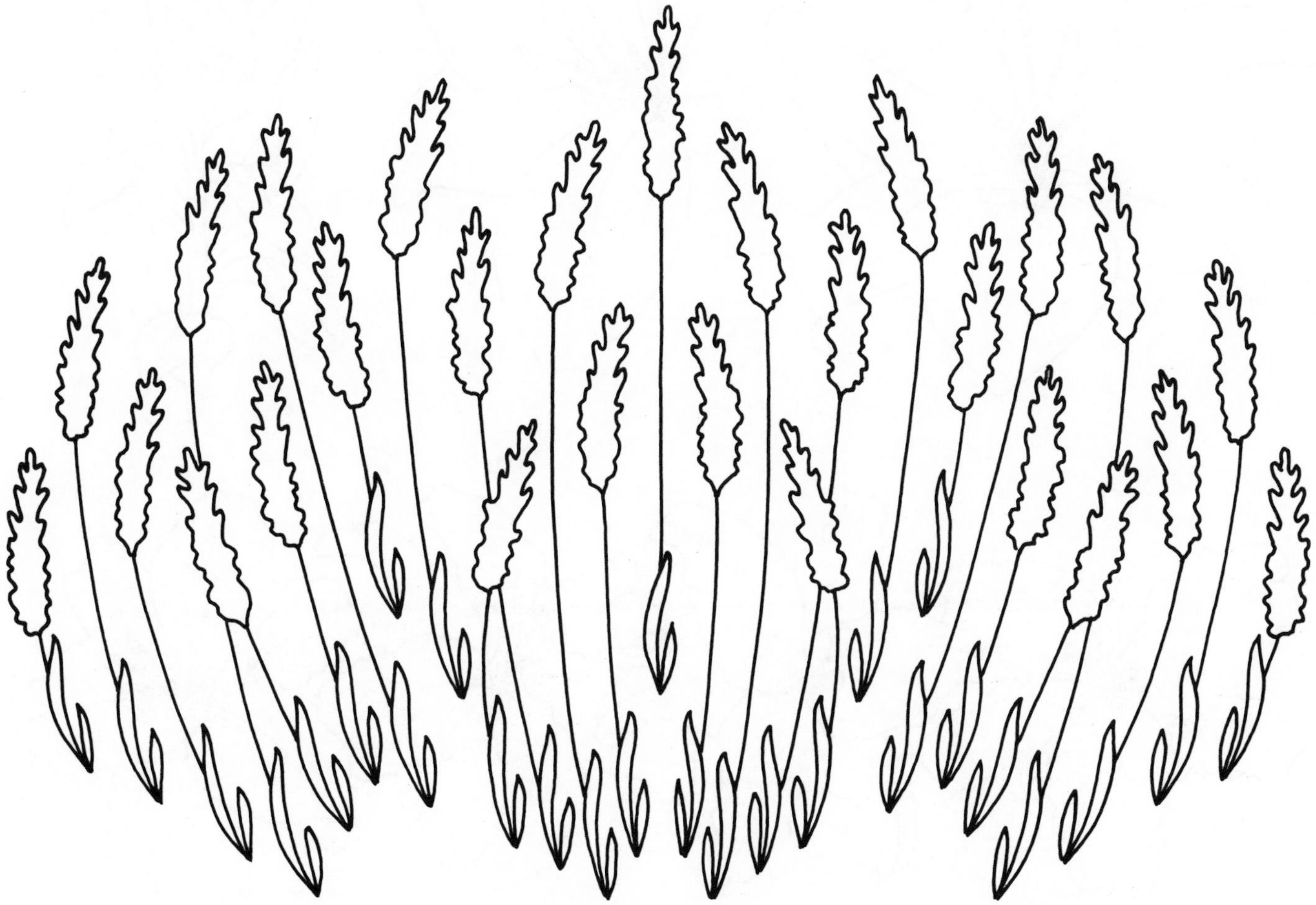

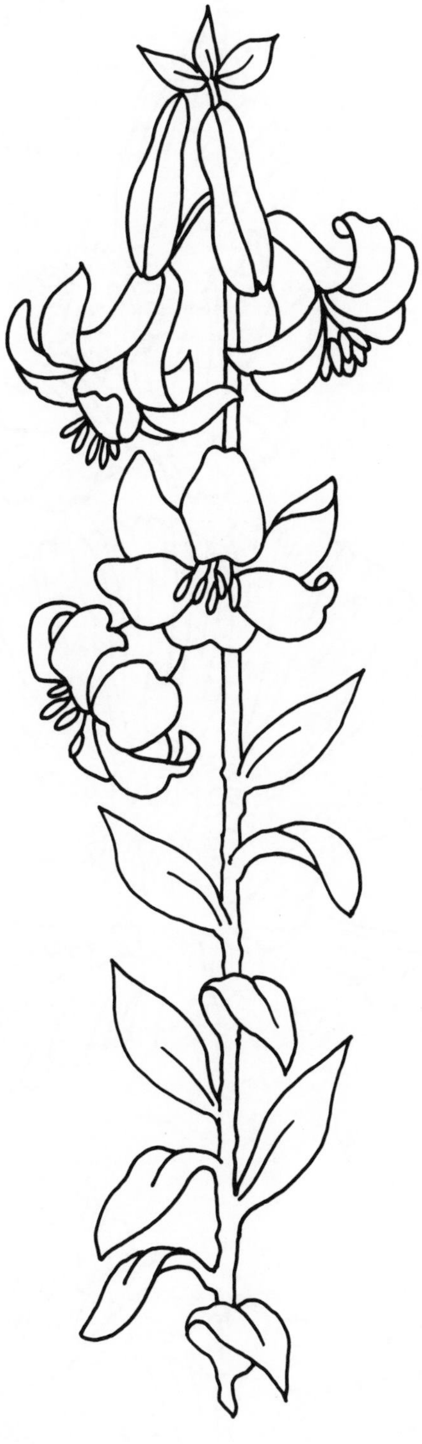

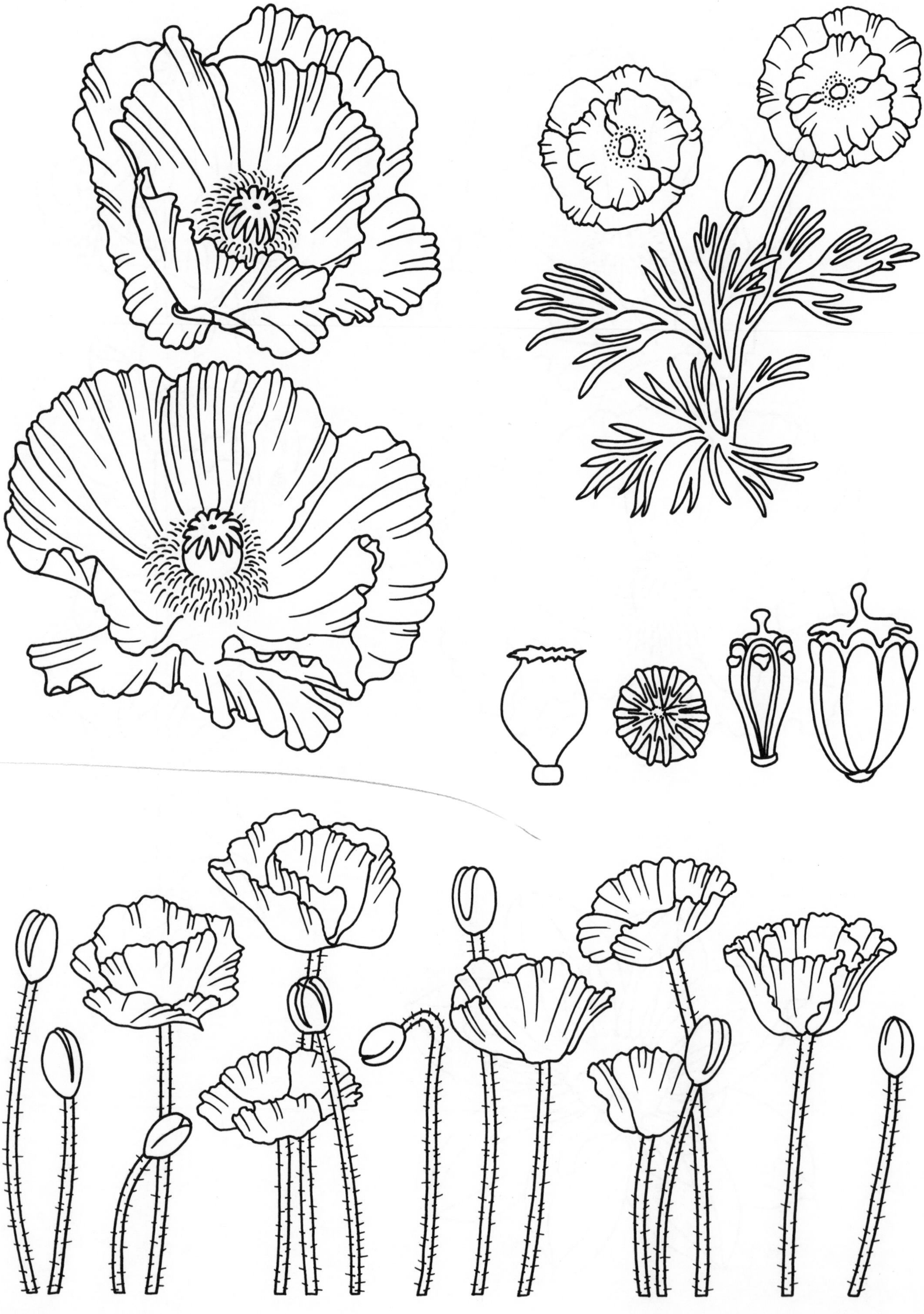

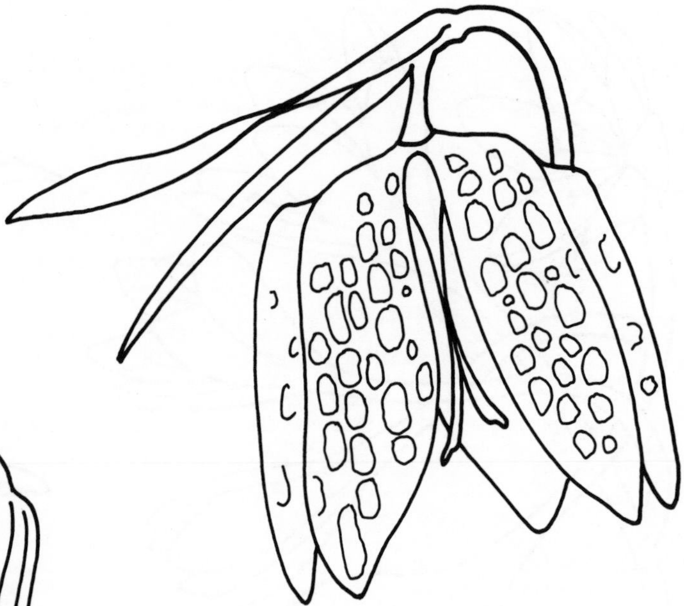

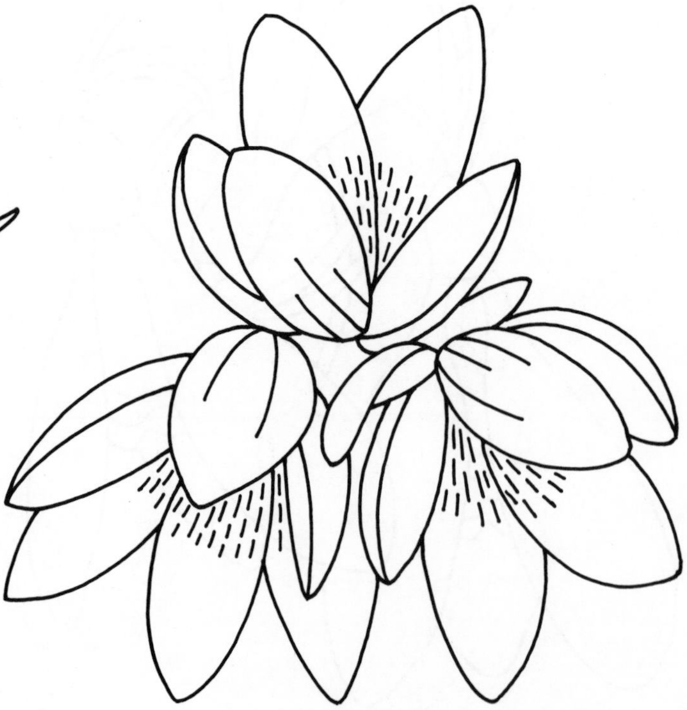

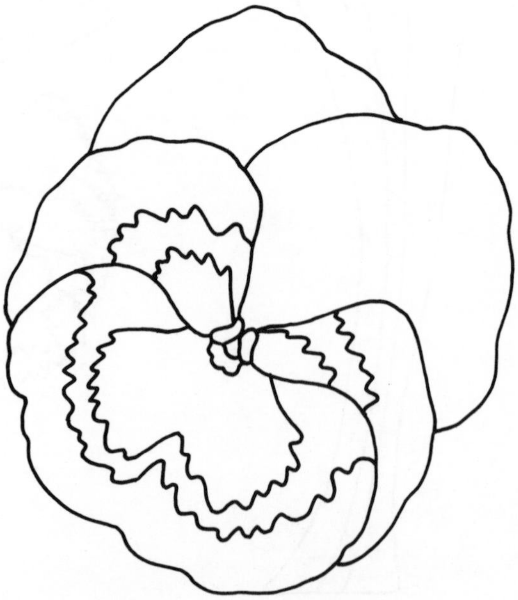

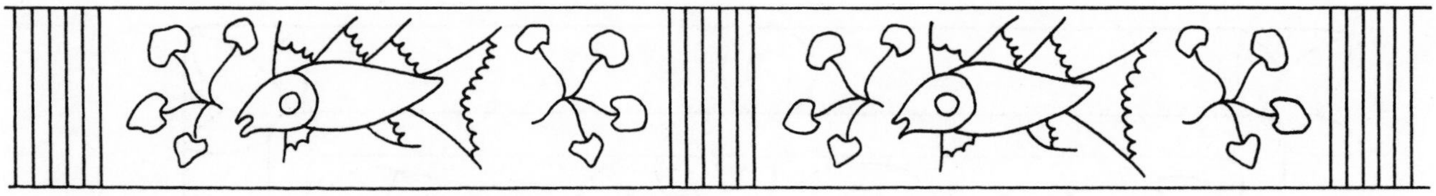

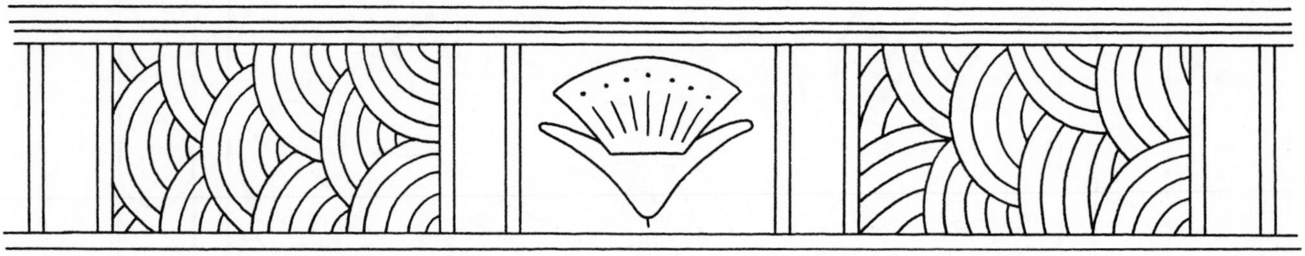

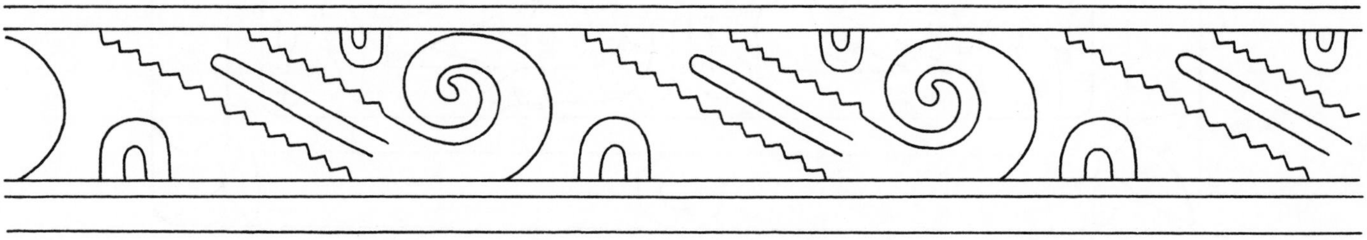

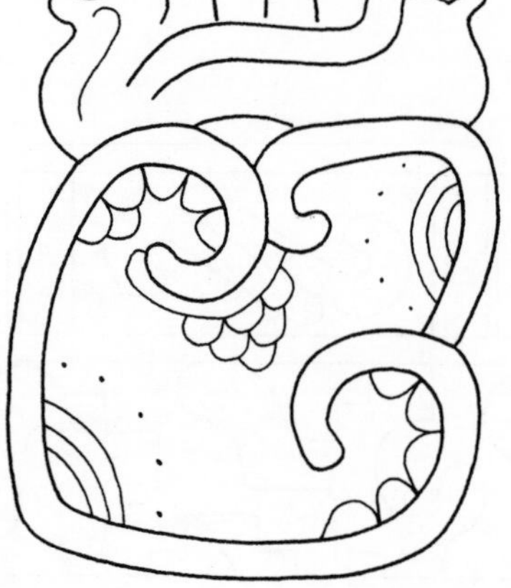

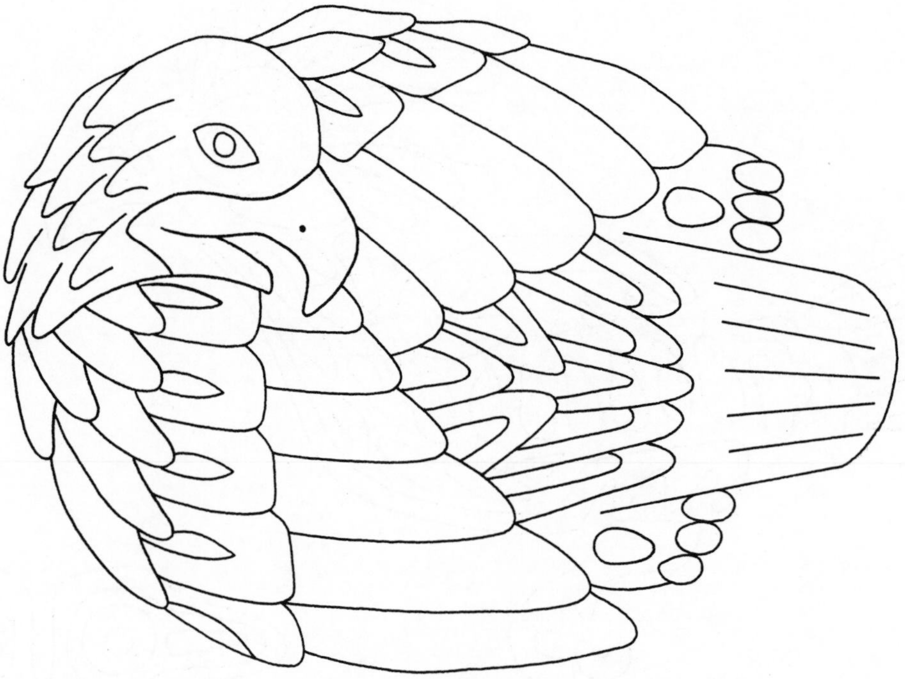

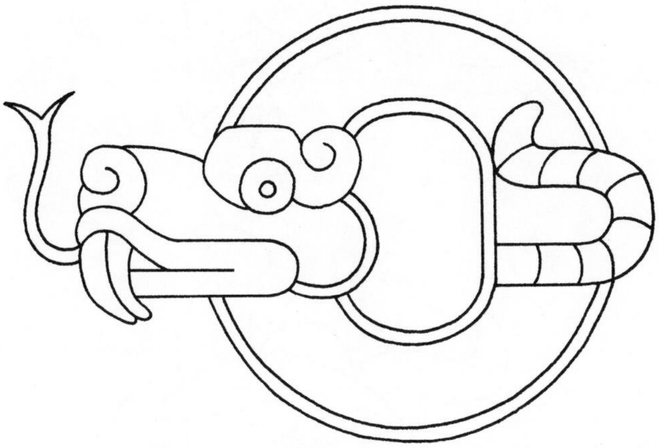

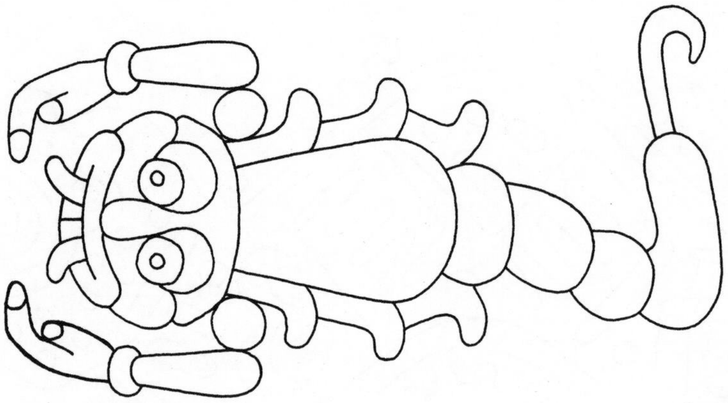

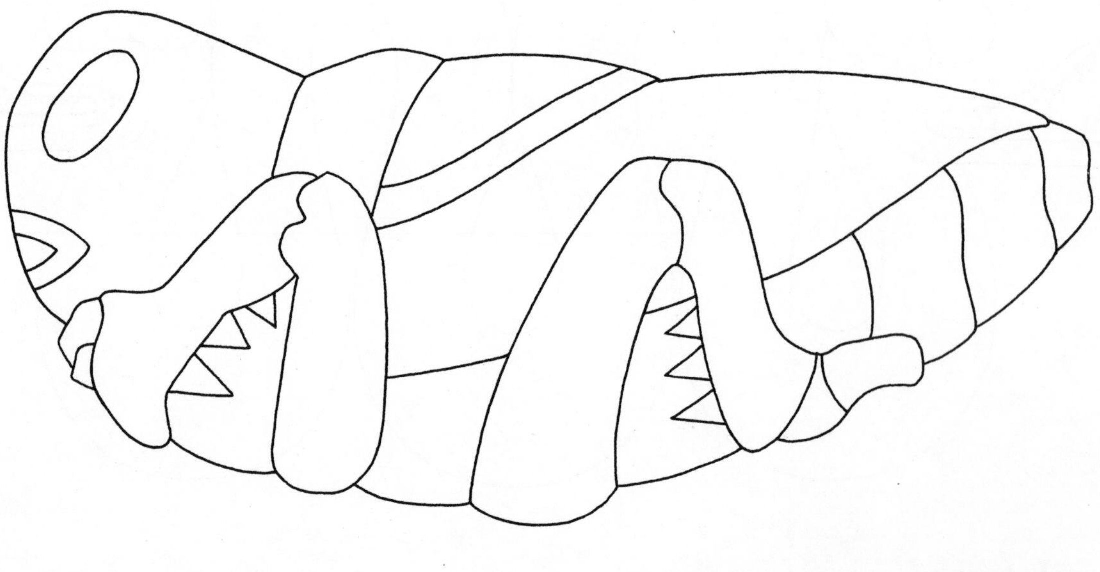

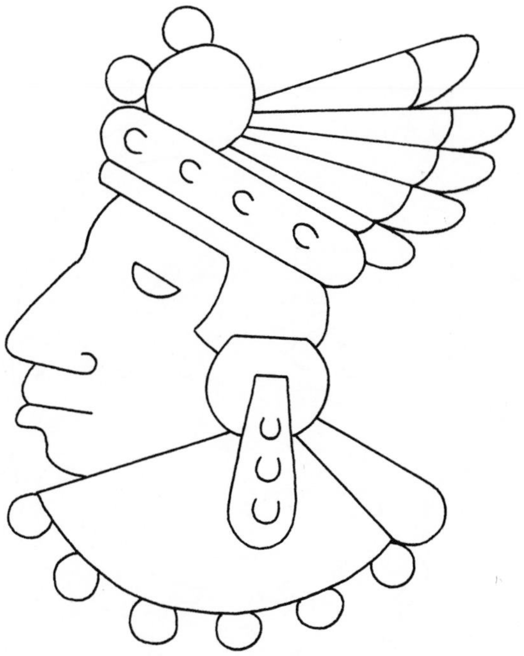

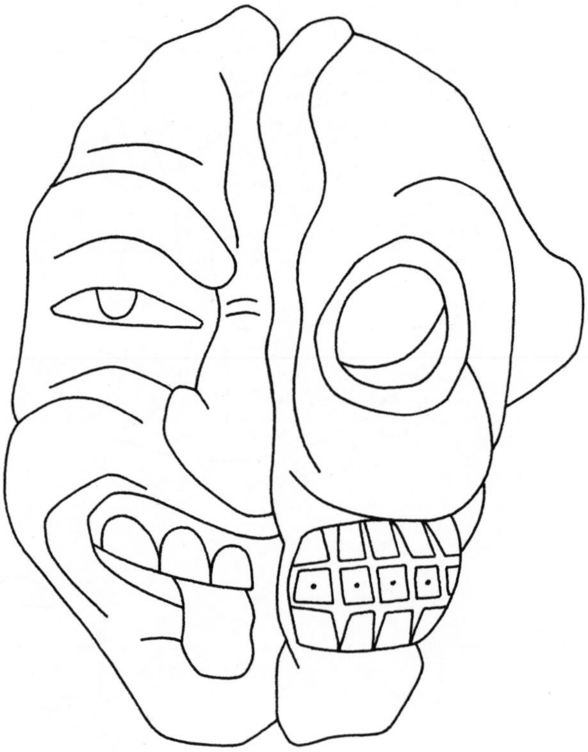

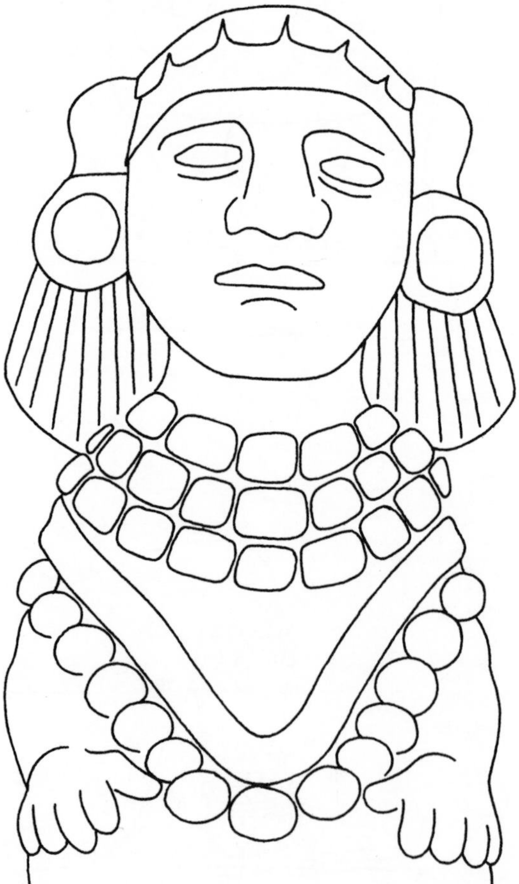

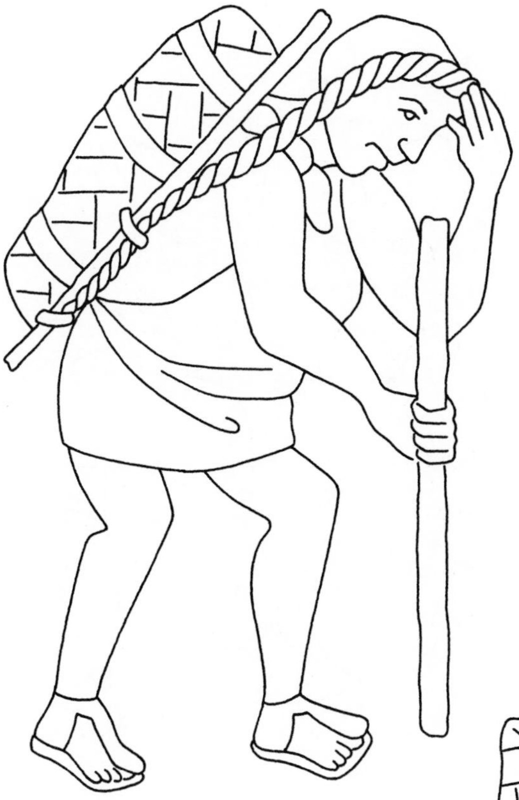

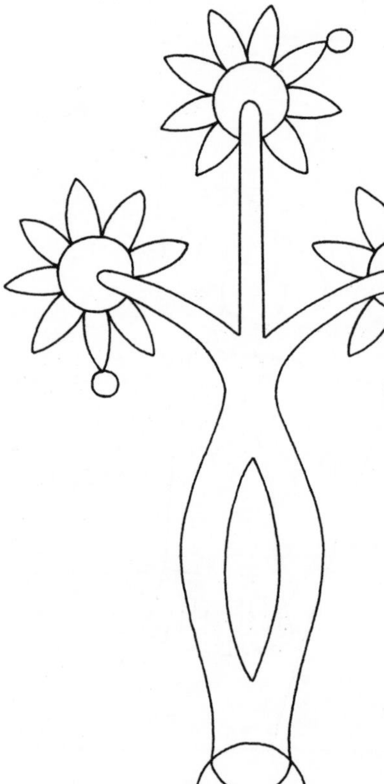

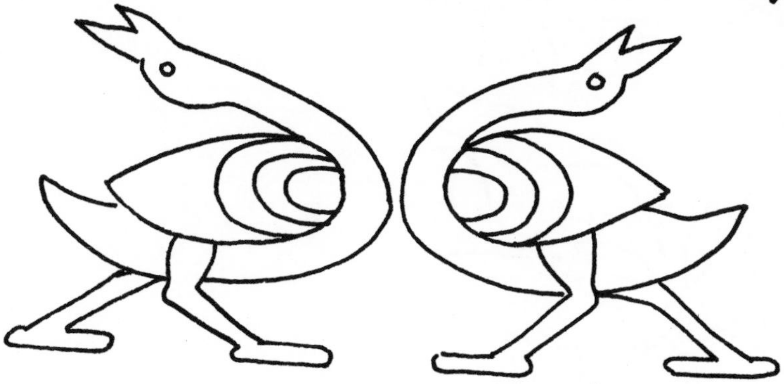

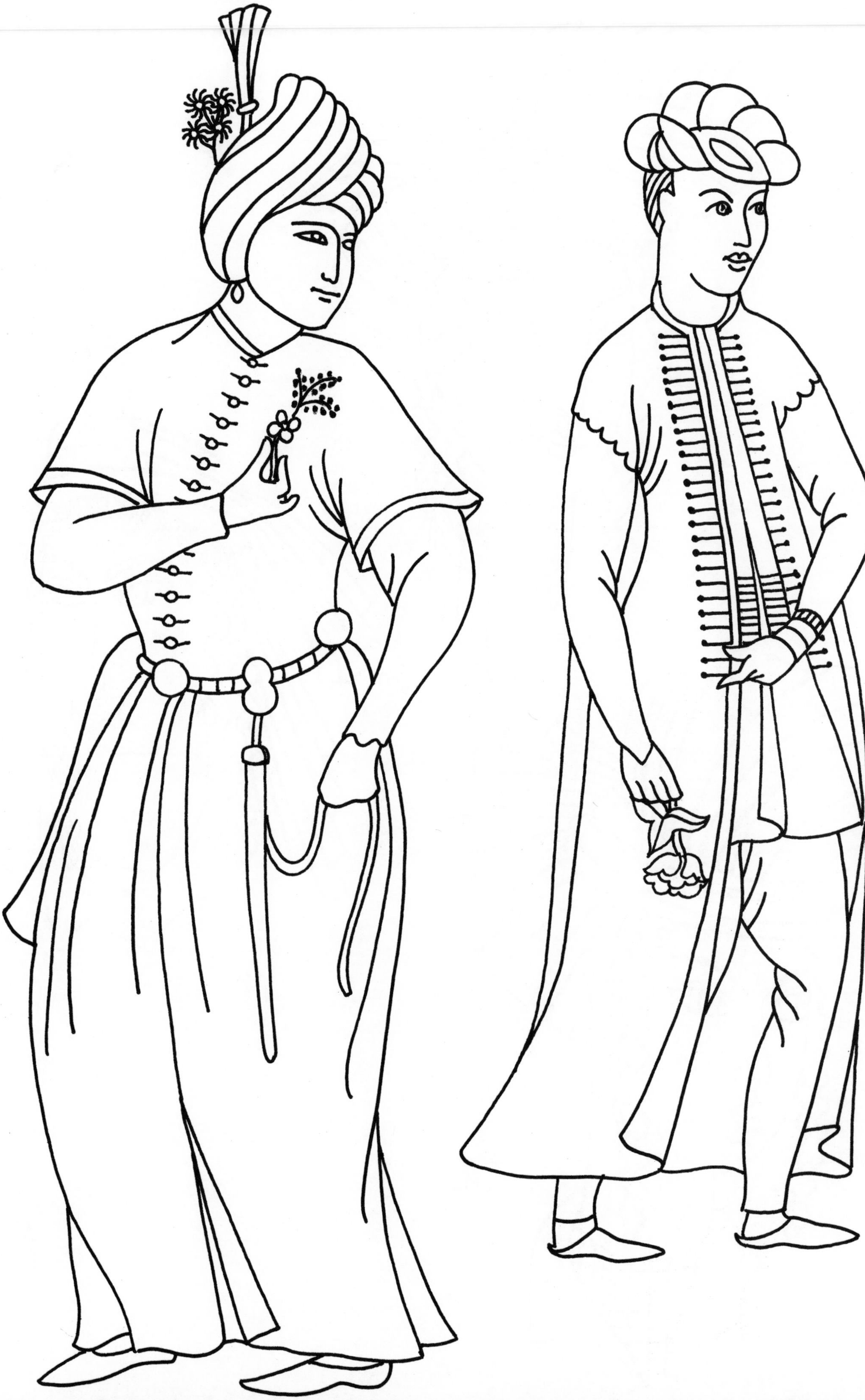

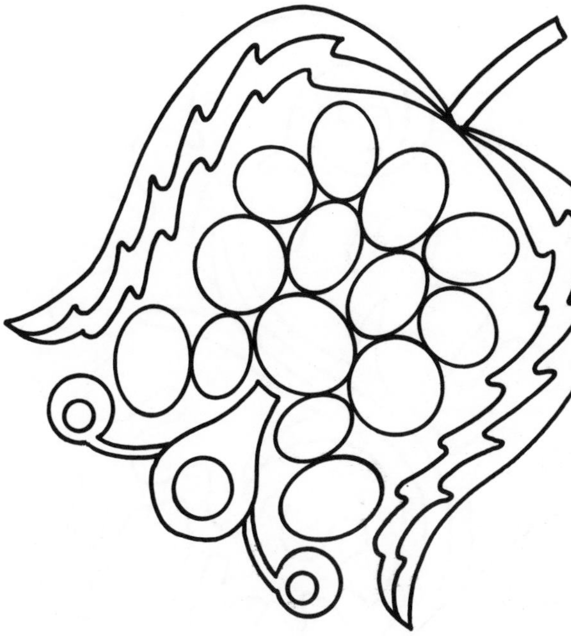

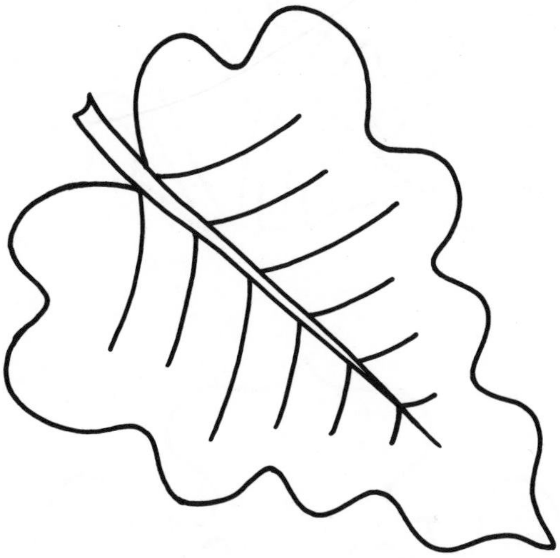

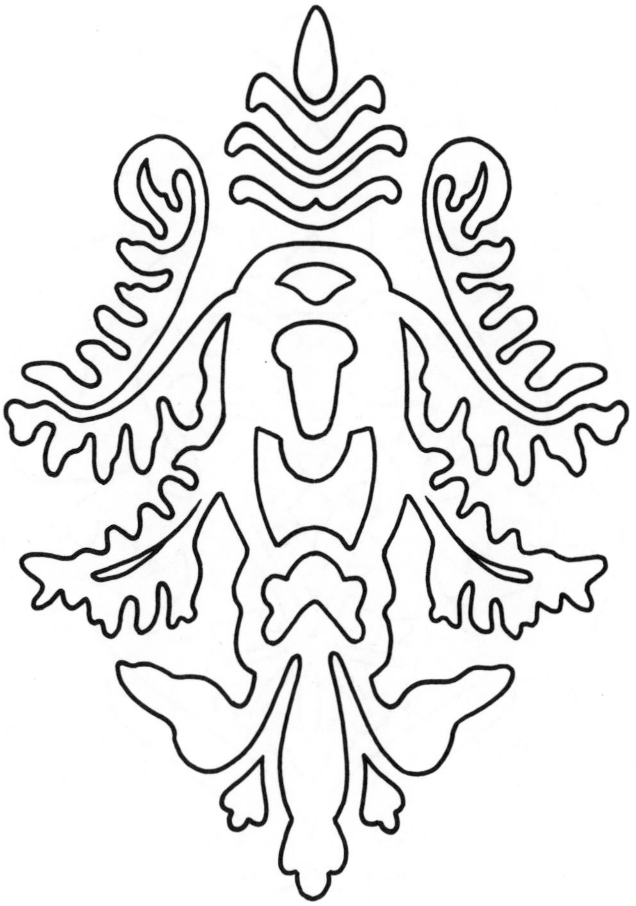

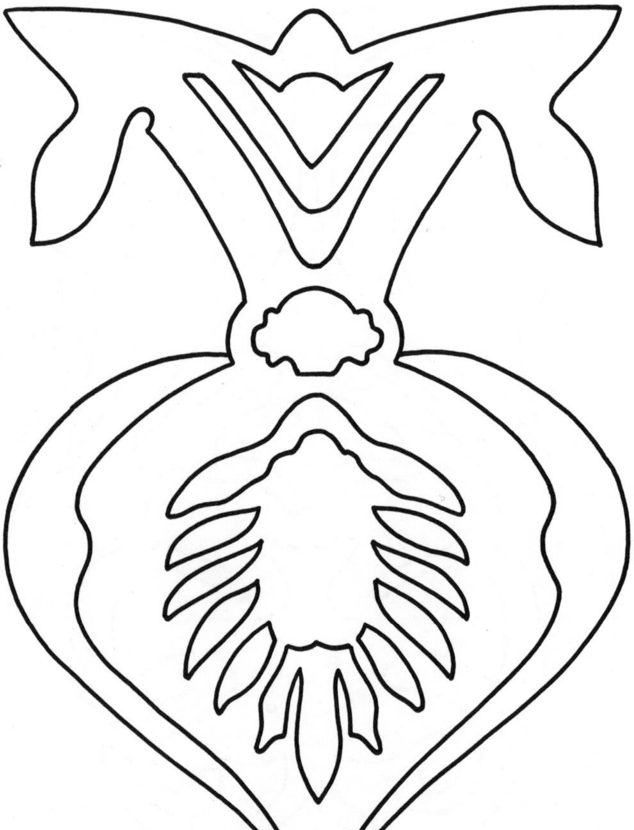

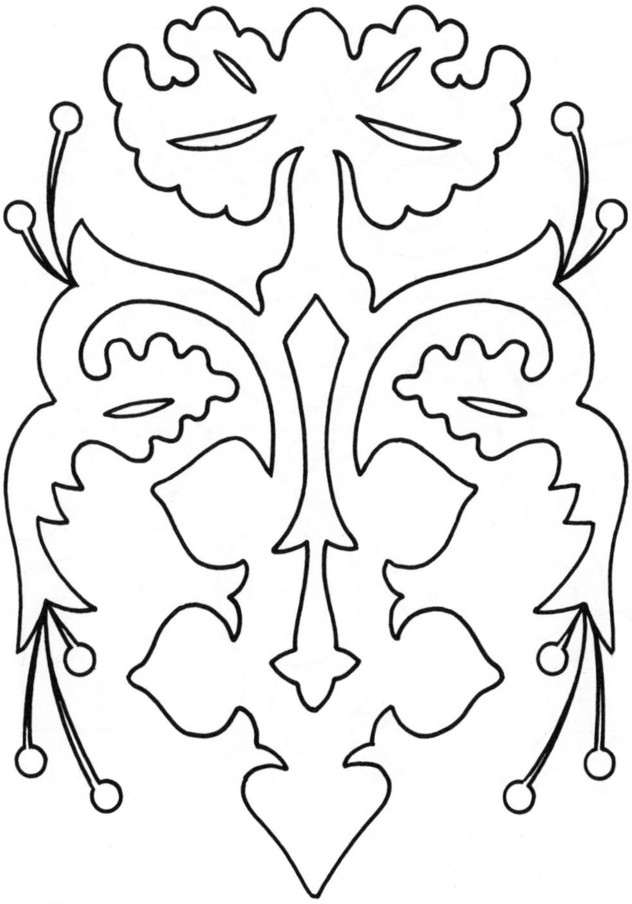
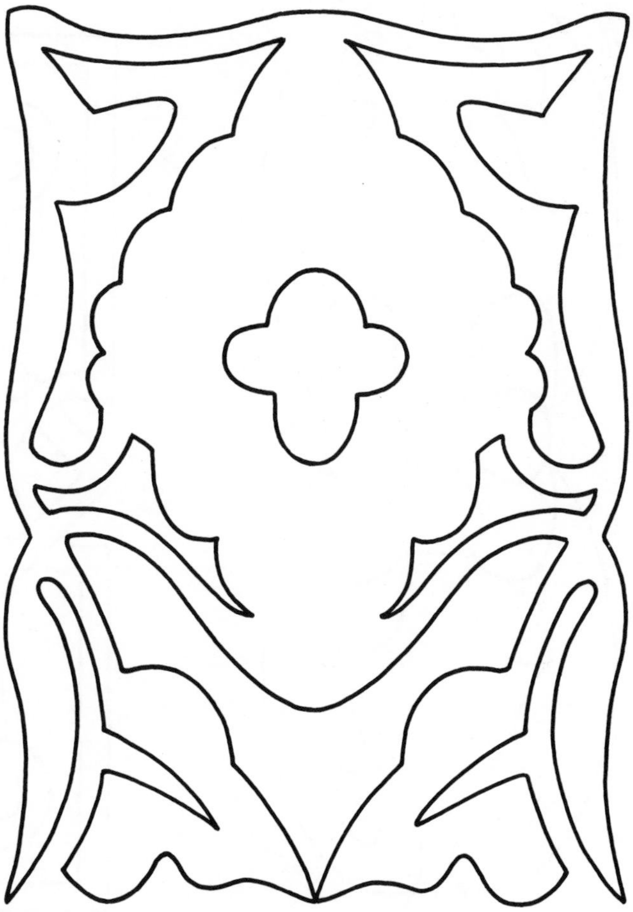

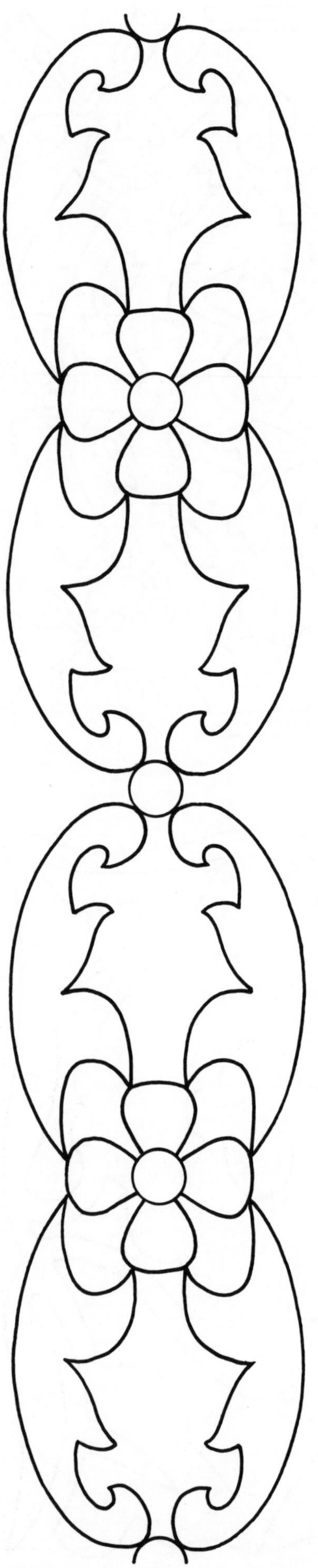

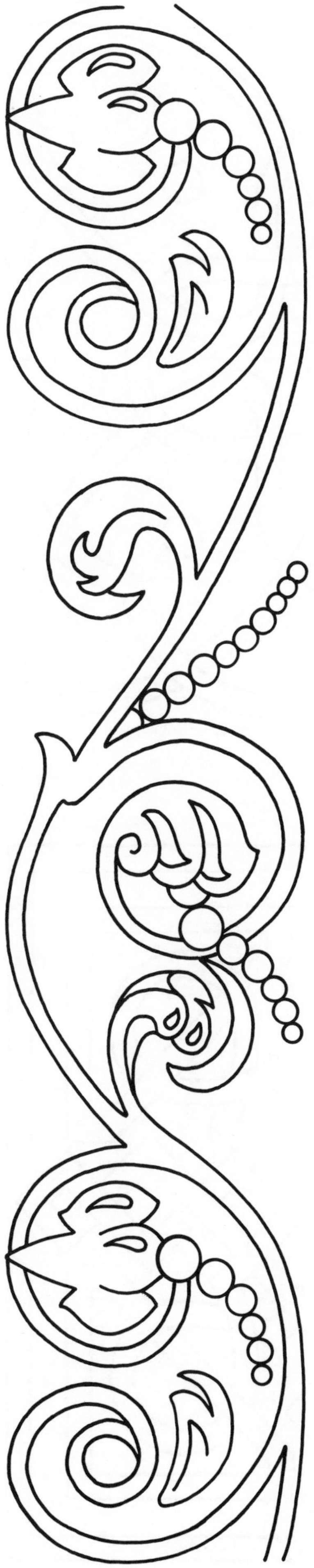

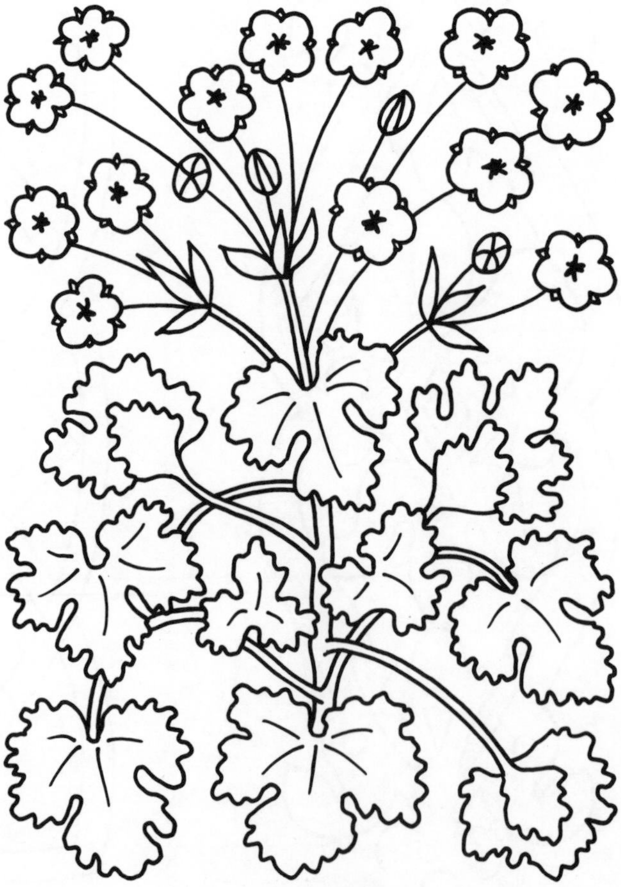

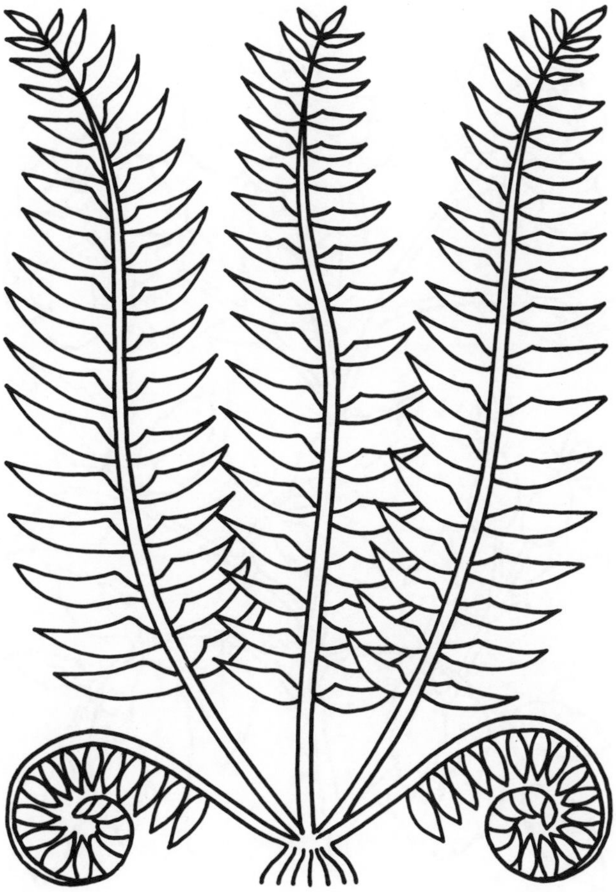

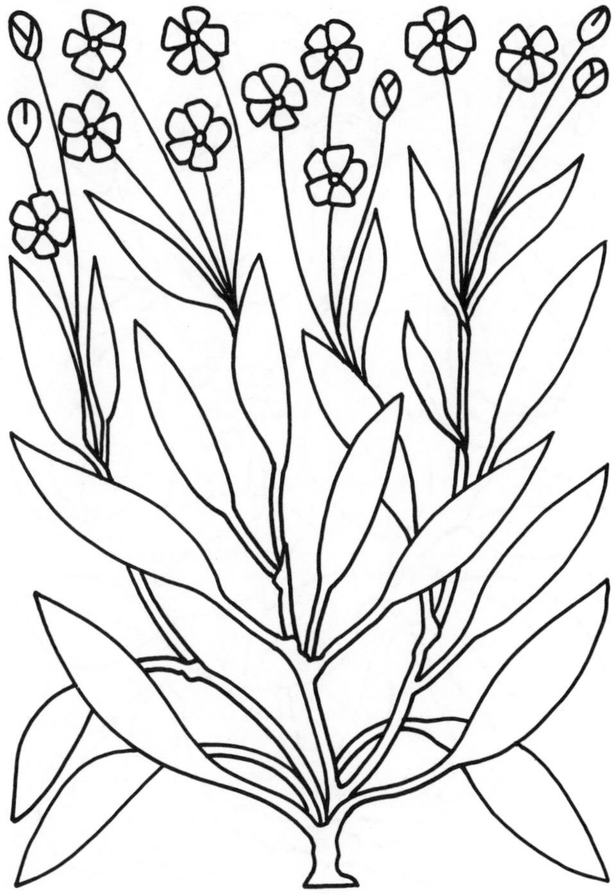

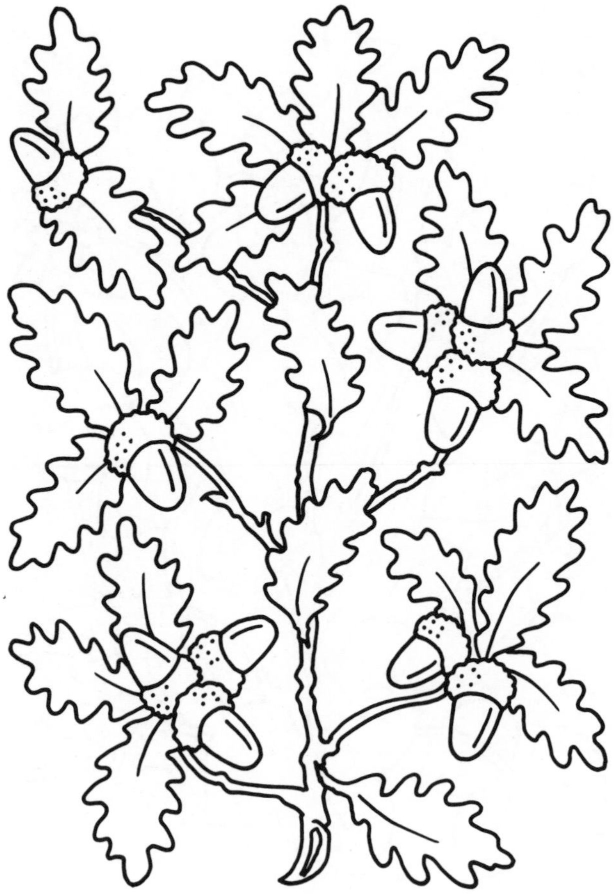

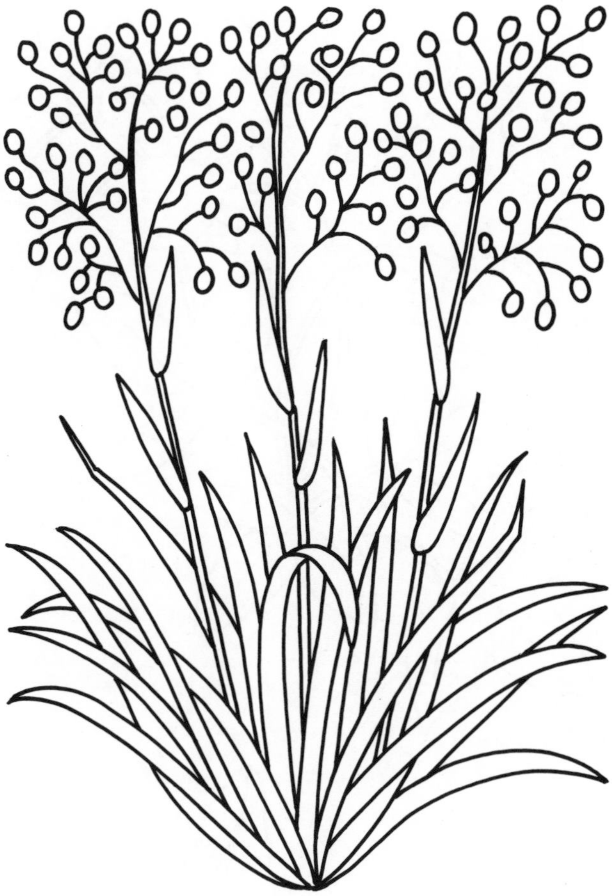

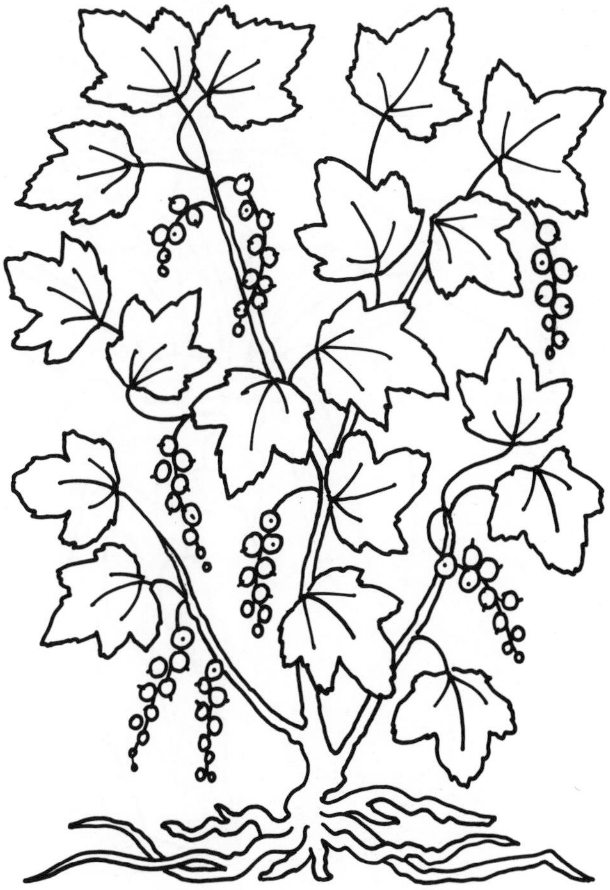

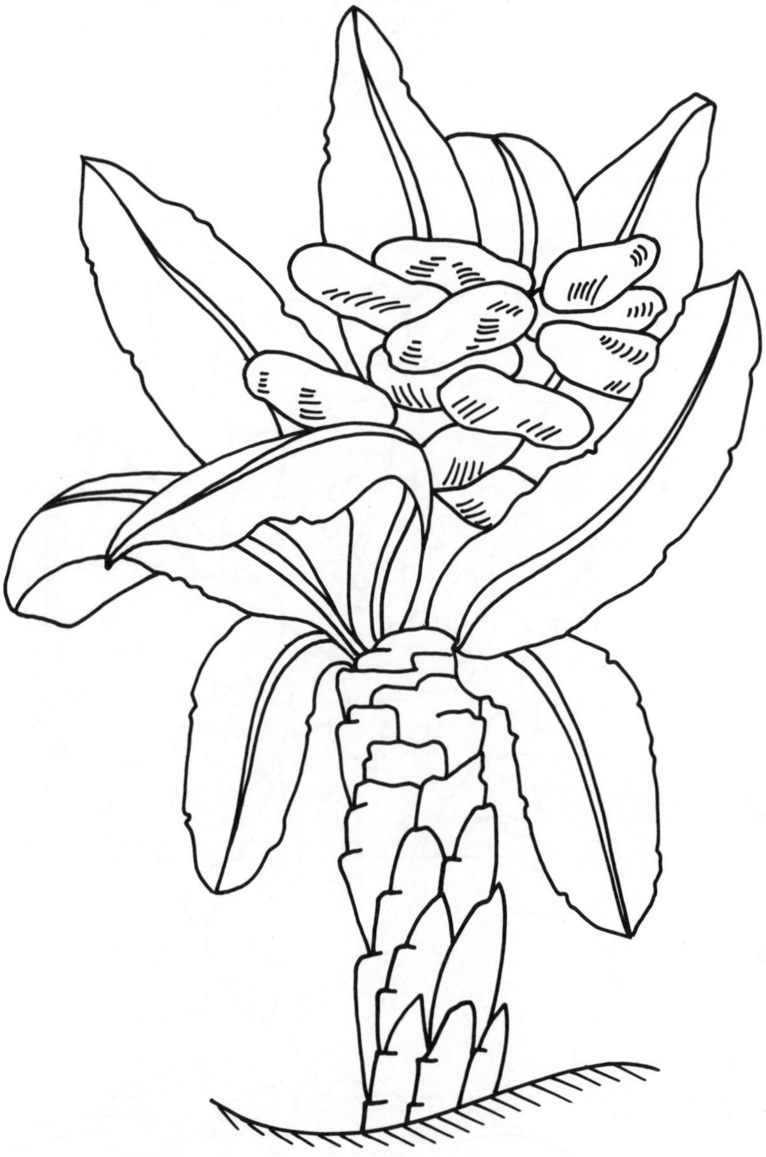

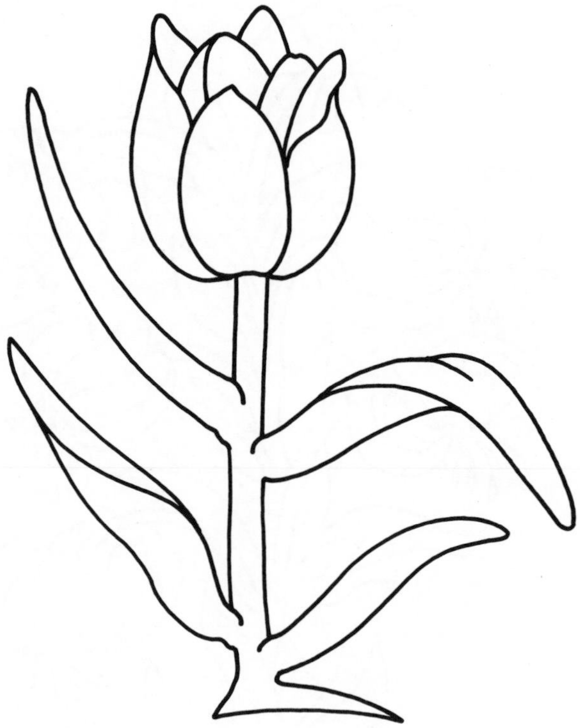

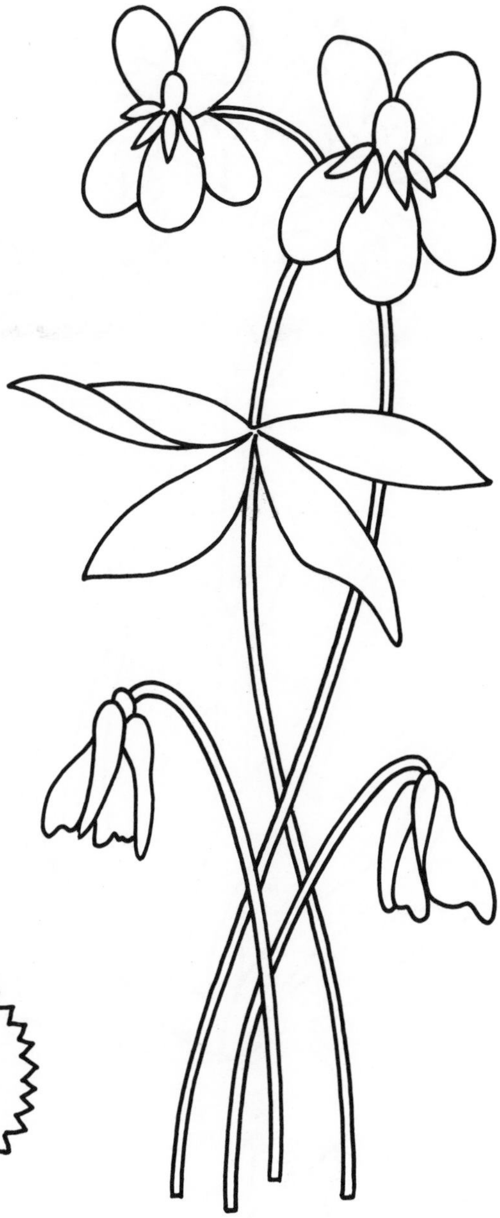

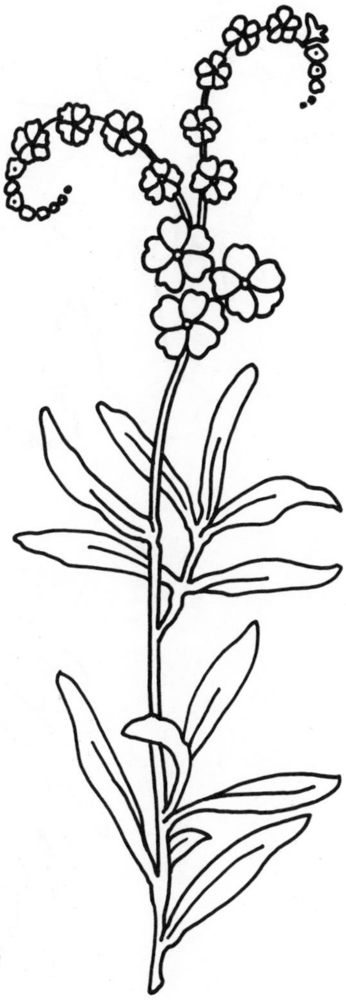

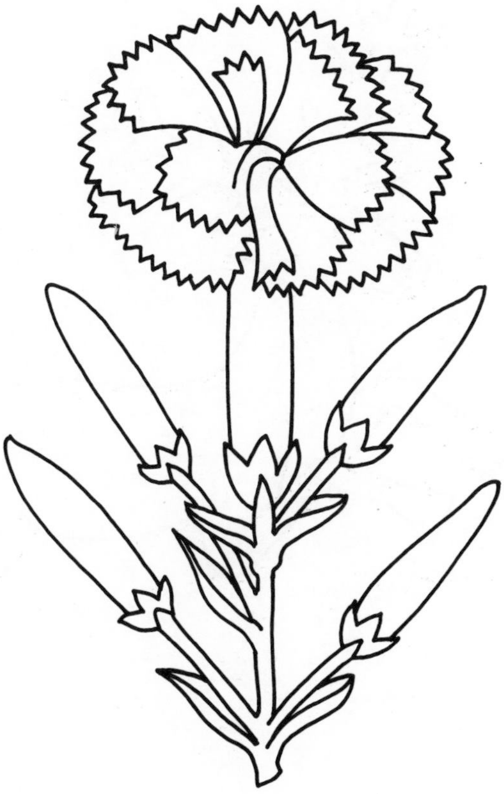

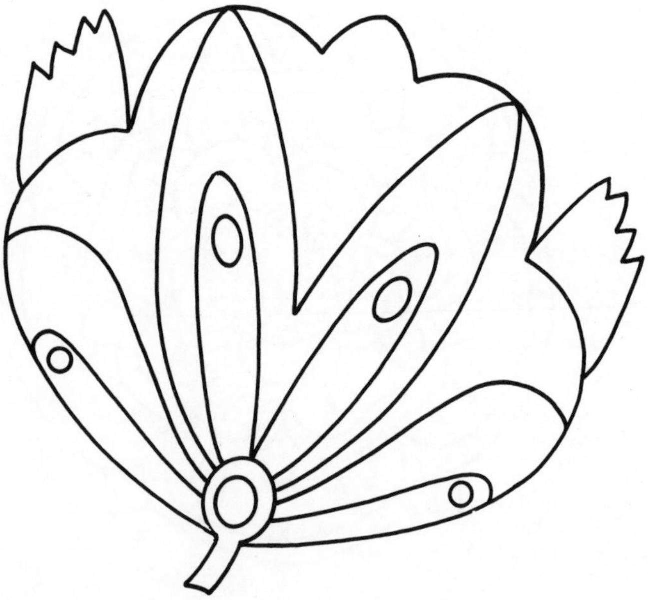

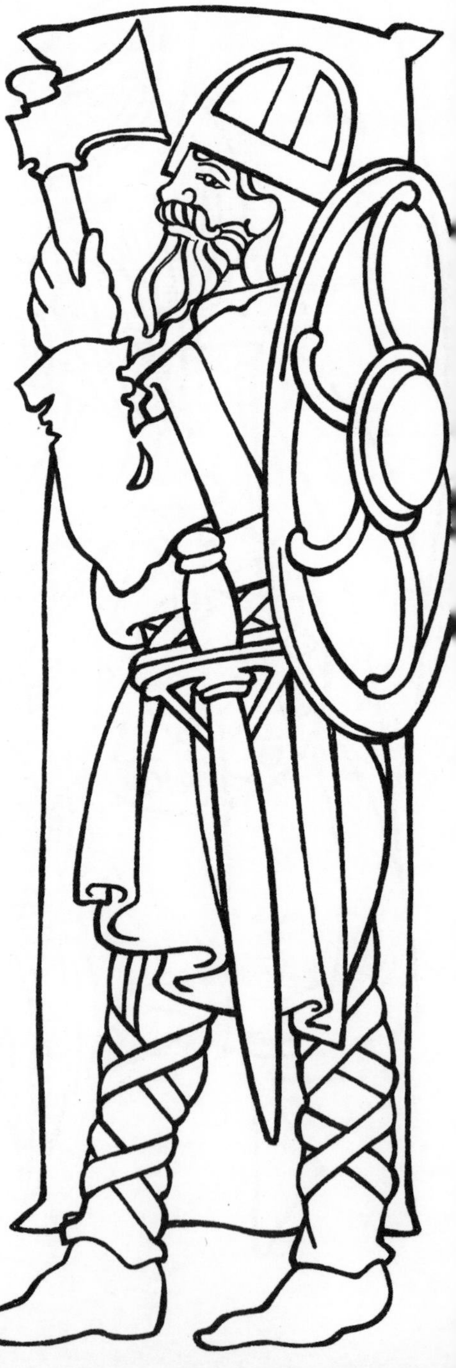

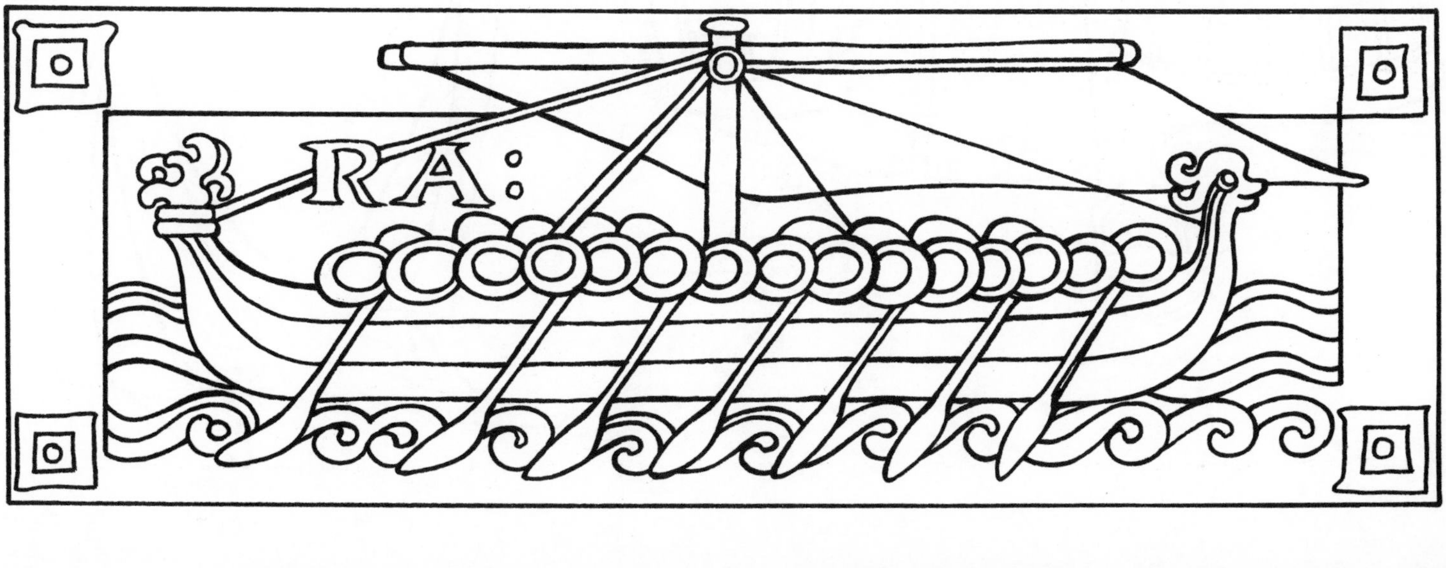
RA:

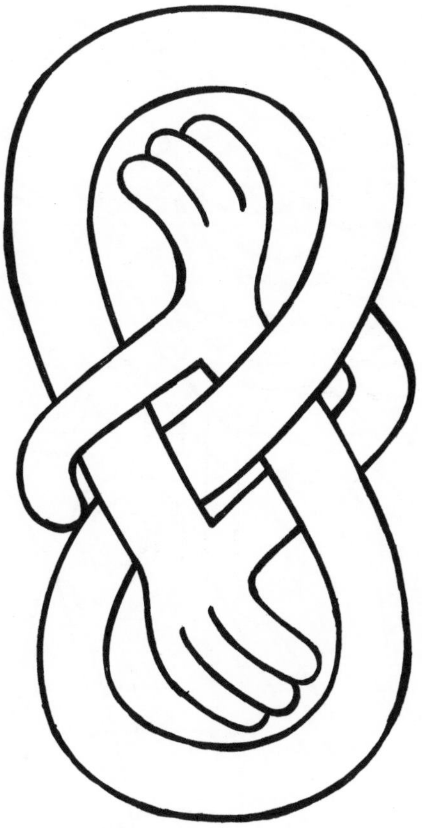
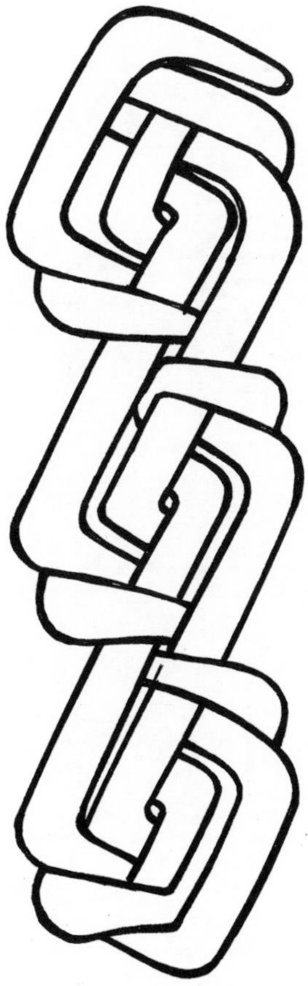